AF329916

LA
MANŒUVRE LIBÉRATRICE
DU
MARÉCHAL PILSUDSKI
CONTRE LES BOLCHÉVIKS

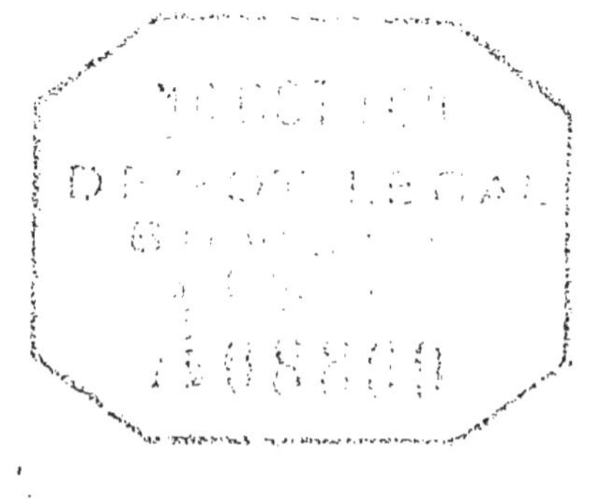

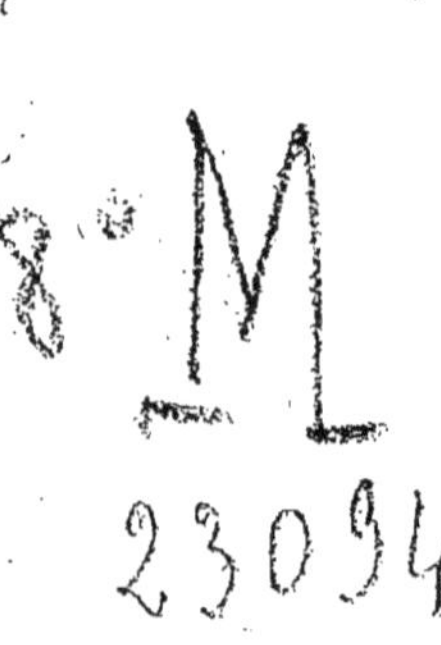

GÉNÉRAL CAMON

La
Manœuvre libératrice

du

Maréchal Pilsudski

contre les Bolchéviks

AOUT 1920

ÉTUDE STRATÉGIQUE

LIBRAIRIE FÉLIX ALCAN

DU MÊME AUTEUR

GUERRE NAPOLÉONIENNE

La Guerre Napoléonienne.
— 1re partie. — *Précis des campagnes.* 7º édition. 1925. 2 vol. in-8, 283 et 211 p., avec cartes et croquis . . . . **20 fr.** »
— 2º partie. — *Les Systèmes d'opérations.* Théorie et technique. 1907. Un vol. in-8 de 382 pages, avec cartes et croquis . . . . . **9 fr. 75.**
— 3º partie. — *Les Batailles.* 1910. Un vol. in-8 de 585 pages, avec cartes et croquis, et un atlas de 17 cartes in-folio. . . . . **15 fr.** »

Le Système de guerre de Napoléon. 1923. Un vol. in-8 de 144 pages, avec 47 cartes dans le texte. . . . . **6 fr. 75**

La Bataille Napoléonienne. 1899. Brochure in-8 de 59 pages . . . **2 fr. 25**

Préparation stratégique des actions décisives. *Analyse de la campagne de 1809 en Italie et en Allemagne.* 1890. Un vol. in-8 de 191 pages. (*Epuisé*).

Campagne de 1813 en Allemagne. 1892. Un vol. in-8 de 136 p. (*Epuisé*).

La Fortification dans la guerre napoléonienne. 1914. Un vol. in-8 de 92 pages, avec figures . . . . **3 fr.** »

La Manœuvre de Wagram. 1926. Un vol. in-8 de 80 p., avec fig. **5 fr.** »

GUERRE DE 1870

Le Plan de Campagne français. 1911. Un vol. in-8 de 104 pages. (*Epuisé*).

GUERRE DE 1914-1918

L'Effondrement du plan allemand en septembre 1914. 2e édition. 1925. Un vol. in-8 de 168 pages, avec 22 cartes et croquis. . . . . **8 fr.** »

Ludendorff sur le front russe, 1914-1915. Manœuvres et batailles. 2e édition 1927. Un vol. in-8 de 131 pages, avec 24 croquis . . . . **6 fr. 75**

DIVERS

Clausewitz. 1911. Un vol. in-8 avec 17 cartes . . . . **6 fr.** »

Le Grand État-Major et les États-majors d'armée. 1889. Brochure in-8. . . . *Epuisé.*

Le Commandement et ses auxiliaires. 1893. Brochure in-8. . . . **1 fr. 90**

Indications sommaires sur la bataille. 1891. Brochure in-12. . **0 fr. 40**

La Manœuvre napoléonienne dans le combat de cavalerie. 1912. Brochure in-12, avec croquis. . . . . **0 fr. 75**

La Motorisation de l'armée et la manœuvre stratégique, 2e édition. 1928. Volume in-8, avec 9 croquis. . . . . **5 fr.** »

Majoration de 20 p. 100 en sus.

(BERGER-LEVRAULT, ÉDITEURS)

Général CAMON

LA
MANŒUVRE LIBÉRATRICE

DU

MARÉCHAL PILSUDSKI

CONTRE LES BOLCHÉVIKS

AOUT 1920

ÉTUDE STRATÉGIQUE

Avec 9 cartes et croquis.

PARIS
LIBRAIRIE FÉLIX ALCAN
108, BOULEVARD SAINT-GERMAIN (VIᵉ)

1929

AVANT-PROPOS

Le 14 août 1920, plusieurs corps d'armée bolchéviks s'efforçaient d'emporter la tête de pont de Varsovie, tandis que deux autres corps s'avançaient à l'Ouest pour couper aux Polonais le corridor de Danzig et aussi pour prendre à revers, c'est-à-dire par la rive gauche de la Vistule, la capitale de la Pologne.

Dans cette situation tragique, le 16 août, le Maréchal Pilsudski déclenche sur les derrières des Bolchéviks une manœuvre, qui en deux jours provoque leur retraite précipitée : la Pologne est sauvée.

Outre son immense intérêt historique, la manœuvre du Maréchal Pilsudski a un intérêt stratégique considérable : c'est une manœuvre sur les derrières de l'ennemi, manœuvre favorite, unique même pourrait-on dire, de Napoléon.

Après les effets considérables que Ludendorff a tirés de cette forme stratégique contre l'aile droite des Russes, par trois fois en 1914 et 1915 à

Lodz, à Bialystok, à Vilno, la superbe manœuvre de Pilsudski, celle de Bug montre la pérennité et la valeur de cette forme stratégique, que, depuis plus de quarante années, j'ai cent fois exposée.

*
* *

Les écrivains qui ont jusqu'ici étudié les opérations du mois d'août 1920 de la Guerre russo-polonaise, les ont généralement englobées sous la dénomination de *Bataille de la Vistule* ou de *Bataille de Varsovie*.

Englober sous la dénomination de Bataille toute une série d'actions engendrées par le système stratégique mis en scène, est une idée singulière dont l'origine remonte aux débuts de la guerre mondiale[1]. C'est de plus un non-sens dangereux, car il ne peut qu'induire en erreur les exécutants et empêcher la convergence des effets sur le but poursuivi.

Plus tard, lorsqu'il s'agit d'écrire l'histoire et d'en tirer des enseignements, on ne peut que se fourvoyer.

Ici, en particulier, est-il raisonnable d'englober

---

1. C'est ainsi qu'on a dénommé *Bataille des frontières* l'ensemble des actions qui furent engendrées par le *Coup offensif* tenté par Joffre contre le centre du déploiement allemand; puis *Bataille de la Marne* l'ensemble des actions engendrées par le *retour offensif* forme Cannes déclenchée par Joffre le 6 septembre.

sous la dénomination de *Bataille de la Vistule* des opérations qui se sont étendues depuis Mlava, frontière de la Prusse Orientale, jusqu'au Wieprz, sans d'ailleurs qu'elles constituent un ensemble continu puisque, depuis Karczew, limite sud de la tête de pont de Varsovie, jusqu'à l'embouchure du Wieprz, il ne s'est rien passé sur la Vistule.

Bien plus, l'action capitale, c'est-à-dire l'action de la masse de manœuvre avait justement pour objet, en provoquant la retraite des Bolchéviks, de rompre la bataille qui se livrait sur la tête de pont de Varsovie.

Rendons donc au système qui réunit l'ensemble des actions, le nom de *manœuvre*.

*
* *

La manœuvre du Maréchal Pilsudski, pour la réussite complète, eût exigé que la masse de manœuvre pût s'opposer à la fuite des Bolchéviks en s'appuyant sur la barrière du Bug et notamment en tenant le pont de Malkin où leur principale ligne de retraite, sur Grodno, coupait la rivière.

Pour s'en tenir à la règle que j'ai posée pour la manœuvre napoléonienne [1], — à juste titre je crois

1. Général Camon — *Pour apprendre l'Art de la Guerre* — Berger-Levrault. 1929.

— il conviendrait de la dénommer *Manœuvre du Bug (Malkin)*.

*
* *

Pour ce travail j'ai utilisé les ouvrages ci-après :

— *L'année 1920*. Ecrit par le Maréchal Pilsudski d'avril à juin 1924 et traduit en 1929 par MM. le Lieutenant-Colonel Jèze et le Commandant polonais Teslar. (La Renaissance du Livre).

Ouvrage capital, puisque le Maréchal nous fait pénétrer dans l'élaboration même de la manœuvre ; ouvrage parfois quelque peu difficile à suivre parce qu'il n'a pas été conçu comme un exposé méthodique de la manœuvre, mais plutôt comme une réponse à la plaquette du Général en chef adverse Toukhatchevski « La Marche au delà de la Vistule » que Pilsudski a donnée à la fin de son livre.

— *La Campagne Polono-russe de 1920* du Général Sikorski — traduit par le commandant Larcher 1928 (Payot Editeur).

Cet ouvrage est en fait l'historique des opérations de la 5e armée polonaise que commandait le Général Sikorski à la gauche du déploiement stratégique polonais. Ces opérations, le Général Sikorski les a replacées dans le cadre général de la manœuvre. Il donne de nombreux documents, très intéressants, qui permettent au lecteur de se mettre dans l'ambiance de cette guerre d'armées improvisées, donc un peu spéciale.

Au cours de l'année 1923, le Général Sikorski a été président du Conseil.

— *La Marche au delà de la Vistule :* Conférences faites par Toukhatchevski à l'Académie militaire de Moscou, en février 1923. Dans son livre *L'année 1920*, le Maréchal Pilsudski donne le texte de ces conférences qui tient 40 pages.

— *La Pologne restaurée*, par Casimir Smogorzewski (Gebethner et Wolff, — Paris 1927).

— Articles de la *Revue militaire française* du Général français Faury — février et mars 1922, mars 1929. Le Général Faury, était en 1920, attaché au Général Skierski, commandant la 4ᵉ Armée polonaise pendant la manœuvre libératrice. Il a été Directeur de l'École de Guerre polonaise.

** **

Cette étude comprend deux parties :

La première est l'historique succinct de la manœuvre, envisagée au seul point de vue stratégique.

La deuxième est l'examen critique de cette manœuure en vue d'en tirer des enseignements.

Pour le faire, je comparerai la manœuvre du Maréchal Pilsudski à différentes manœuvres de Napoléon sur les derrières de son adversaire.

* *

Peut-être n'est-il pas inutile de dire ici comment j'ai été amené à écrire cette étude.

Jusqu'en février dernier, ma curiosité n'avait pas été éveillée sur la lutte de 1920 entre les Polonais et les Bolcheviks.

Ce fut la traduction de l'ouvrage du Général Sikorski : *La Campagne polono-russe de 1920* qui attira mon attention sur cette lutte.

Cherchant à y voir clair, je m'enquis d'autres documents. Une chance heureuse me procura les bonnes feuilles de la traduction de l'ouvrage du Maréchal Pilsudski *L'année 1920*.

Je m'aperçus alors que l'action capitale de la Campagne était la manœuvre de forme napoléonienne menée par le Maréchal Pilsudski avec un effectif infime, sur les derrières des armées bolchéviques au moment où elles donnaient l'assaut à la tête du pont de Varsovie.

De cette manœuvre, le général Sikorski a peu parlé ; son ouvrage étant surtout destiné à relater les opérations de la 5e armée qu'il commandait — opérations qui ne furent qu'un hors-d'œuvre, utile certes et bien mené, mais enfin un hors-d'œuvre — dans la manœuvre de Pilsudski.

Le superbe résultat de la manœuvre, c'est-à-dire, la fuite des armées bolchéviques est une nouvelle preuve de l'excellence de cette forme stratégique que j'ai montrée, il y a quelques quarante ans comme étant la forme presque uniquement employée par Napoléon — sans que j'ai réussi à la faire entrer dans notre enseignement militaire.

Je ne pouvais évidemment, laisser perdre une telle confirmation de ma thèse.

En terminant cet avant-propos, je tiens à remercier la maison d'édition Berger-Levrault d'avoir bien voulu autoriser la reproduction de plusieurs croquis dont j'avais besoin.

ABRÉVIATIONS

Les extraits de l'ouvrage du Maréchal Pilsusdki sont indiqués par la lettre P, ceux de l'ouvrage du Général Sikorski par la lettre S.

Les armées polonaises sont indiquées par des chiffres arabes ; les armées soviétiques par des chiffres romains.

En polonais u se prononce ou, et la terminaison in se prononce ine. Ex. Malkin se prononce Malkine.

LA

MANŒUVRE LIBÉRATRICE

DU MARÉCHAL PILSUSDKI

CONTRE LES BOLCHÉVIKS

INTRODUCTION

Le Maréchal Pilsudski est incontestablement l'auteur de la manœuvre qui a sauvé la Pologne. Il n'est donc pas inutile, pour en éclairer l'élaboration, de placer, en tête de cette étude, quelques lignes sur sa puissante individualité[1].

Né en 1867 dans une famille de riches proprié taires fonciers des environs de Vilno, d'origine noble, Joseph Pilsudski reçut chez ses parents une éducation soignée. Il possède à fond le français, l'allemand, le russe, l'anglais, connaît les dialectes blanc-ruthène et ukrainien.

La sanglante répression de l'insurrection polonaise

---

1. Le lecteur qui voudrait mieux connaître la vie du Maréchal Pilsudski lira avec beaucoup de profit deux études qui ont paru en cours de publication de mon livre : 1° Sigismond S. Klingsland : « *Pilsudski* » Paris, Kra, *1929*; 2° Jacques de Carency : « *Joseph Pilsudki, soldat de la Pologne restaurée. Etude biographique* ». Paris. La Renaissance du Livre, 1929.

CAMON.　　　　　　　　　　　　　　　　　　1

de 1863 ruina à moitié la famille Pilsudski qui dut s'installer à Vilno. Elle y devint bientôt un des foyers du patriotisme polonais. Là se développa Joseph Pilsudski. Tout enfant il rêvait d'être un jour le libérateur de la Pologne. Il dévorait les vies de Napoléon et des héros populaires polonais : Sobieski et Kosciuszko.

Les études secondaires terminées, Pilsudski entre à la faculté de médecine de Charkow. A peu de temps de là cette faculté est fermée.

Son frère est impliqué dans un complot contre le tsar Alexandre II. Son innocence est reconnue, il n'en n'est pas moins condamné à vingt-cinq ans de travaux forcés. Joseph Pilsudski, en qualité de frère d'un condamné, est relégué pour cinq ans en Sibérie.

Là il prend contact avec des individualités de toutes les sphères russes. Libéré, il fonde une organisation pour secouer l'oppression russe, et pour agir sur les masses il crée le parti socialiste polonais[1].

Incarcéré, il s'échappe grâce à la connivence d'un médecin et prend part à la révolution de 1905, entraînant la jeunesse des ouvriers. Réfugié en Galicie (Pologne autrichienne), il crée — les autorités autrichiennes fermant les yeux parce que l'ennemi visé est la Russie — des associations de tireurs. Parmi ses collaborateurs d'alors se trouvent Sosnkowski et Rydz-Smigly, qui seront parmi ses meilleurs généraux.

Lorsqu'éclate la guerre mondiale, Pilsudski se met

---

1. Le Maréchal Pilsudski passe en Europe pour un socialiste. C'est là un malentendu. il se vante de n'avoir jamais eu entre les mains *Das Kapital* de Karl Marx. Son but était la restauration de la Pologne indépendante. Sa méthode — l'insurrection. — Pour qu'elle réussisse il lui fallait l'appui des masses, il adopta comme tactique une partie du programme socialiste. (Smogorzewski p. 324.

résolument avec ses francs-tireurs en Pologne russe.
« Pour reconstruire la Pologne, disait-il, il faut d'abord
vaincre la Russie ».

Dès qu'il voit la Russie affaiblie, il tourne son activité contre l'Allemagne et l'Autriche.

Dès octobre 1914 il avait créé une association secrète
d'officiers et de sous-officiers « L'organisation militaire
polonaise P. O. W. ».

Après une série d'aventures qu'il serait trop long de
raconter, Pilsudski, Général de brigade, fut arrêté et
enfermé, ainsi que le colonel Sosnkowski, à Magdebourg.

En août 1918, le Général Rydz-Smigly, qui rem-
plaçait Pilsudski à la tête du P. O. W., se rencontra à
Moscou avec le Général Lavergne, chef de la mission
militaire française en Russie, et lia partie avec les
Alliés contre les Centraux.

Les adeptes du P. O. W., s'employèrent dès lors à
faire sauter les ponts sur les voies ferrées des commu-
cations allemandes et autrichiennes.

Le 6 novembre 1918, l'indépendance de la Répu-
blique polonaise fut proclamée à Lublin. Pilsudski,
délivré de prison par les révolutionnaires allemands,
arrive bientôt à Varsovie, déjà libérée de l'occupation
allemande.

Avec les hommes du P. O. W., il achève le désarme-
ment des garnisons allemandes. Plus tard, il s'entend
avec l'État-Major allemand pour organiser la retraite, à
travers la Pologne, de 400.000 soldats allemands sta-
tionnés en Ukraine.

Il forme le Gouvernement polonais dont il donne la
présidence à Moraczewski.

Disposant d'un pouvoir dictatorial, Pilsudski convoque une diète constituante qui à l'unanimité le proclame Chef de l'Etat.

Dès ce moment Pilsudski, comprenant que la Pologne aura à défendre sa résurrection par la force, s'applique avec une ardeur passionnée à créer une armée solide. Il a pour l'aider dans cette tâche le Général Sosnkowski, son camarade de lutte de toujours, et plus tard le Général Henrys avec la Mission française.

Mais que de difficultés, soit au point de vue du personnel, soit au point de vue matériel.

En 1920 Pilsudski a cinquante trois ans. C'est un homme de taille moyenne, bien bâti, légèrement voûté; des sourcils brousailleux, des yeux fins et pénétrants, des moustaches tombantes.

On aimerait à être renseigné sur sa formation militaire. Par quels ouvrages? Le dira-t-il un jour? Les militaires ne donnent pas volontiers de détails sur leur formation. On sait seulement, par ses intimes, que ce fut en 1908 qu'il entreprit l'étude méthodique de la guerre napoléonienne.

Quoiqu'il en soit, il a certainement bien compris la manœuvre napoléonienne sur les derrières de l'adversaire. Si, comme nous le verrons, il y a des défectuosités dans la manœuvre du Bug, elles proviennent de la pression de ses collaborateurs à laquelle Pilsudski, malgré son individualité, n'a pas pu entièrement se soustraire.

Cette *individualité* est solide. Pilsudski, par de profondes méditations sur le Gouvernement et la guerre, s'est fait des idées personnelles, avec lesquelles il bâtira lui-même, des plans. Il ne croit pas que le Général en Chef, tel qu'un président de Société industrielle ou commerciale, n'ait qu'à signer les solutions préparées par son chef d'état-major comme par un administrateur délégué.

Dans un livre sur l'Art de la Guerre, publié après la Guerre mondiale, on peut lire qu'un chef de notre Armée, et non des moindres d'après l'auteur, disait volontiers « Un chef n'a pas besoin, à la rigueur, d'avoir des idées. Il suffit qu'il sache juger la valeur de celles qu'on lui apporte ».

Ce n'est certes pas l'opinion de Pilsudski.

En 1920, il avait l'incomparable avantage d'être en même temps que Général en Chef, le Chef de l'État. Celà ne diminuait pas sa responsabilité, mais il était habitué depuis de longues années, à savoir la prendre.

*
* *

Au début de 1920, les Soviets viennent de mettre hors jeu Koltschak et Denikine, ils voudraient déclencher en Pologne une révolution prolétarienne : d'une part, pour se débarrasser d'un obstacle à leur avance vers l'Occident, d'autre part, pour faire rentrer la Pologne dans l'Empire des Tsars. Ils préparent leur offensive par une propagande intense parmi le prolétariat polonais et comptent sur l'action du front intérieur pour aider à leur victoire.

Pilsudski s'attend au déclenchement de l'offensive soviétique.

*
* *

Vis-à-vis d'une invasion russe, le théâtre polonais est coupé en deux par les marais de Polésie. Pilsudski pressentait que l'attaque principale russe se ferait sur le théâtre nord. Il eut voulu, en aidant le peuple ukrainien à reconquérir son indépendance, créer, pour la Pologne, un état tampon, ce qui lui aurait permis de porter du Sud toutes ses forces au Nord.

Le 23 avril, il signe un accord avec le hetman Petlura qui lui promet le soulèvement de l'Ukraine.

Le 25, il porte sur Kiev un gros de troupes polonais, renforcé par 2 divisions ukrainiennes, dans le but d'attirer de ce côté les réserves russes.

Le 27, Kiev, évacué par les troupes, est occupé sans combat. C'est que Kamieniev le Généralissime des Soviets, décidé à prendre comme théâtre décisif le théâtre nord, n'a laissé que peu de troupes au sud et a arrêté comme suit, la répartition des forces :

Théâtre Nord : IIIe, IVe, XVe, XVI armées et IIIe corps de cavalerie Gay-Khan sous le commandement de Toukhatchevski, Général en chef de vingt-huit ans, ex sous-lieutenant de la Garde impériale.

Théâtre Sud : Les armées XIIe et XIVe et l'armée de cavalerie (4 divisions de cavalerie — soit quelques milliers de cavaliers) sous les ordres de Boudienny, ancien maréchal-des-logis tsariste. Cette cavalerie, dont les hommes n'ont pas d'uniformes, s'avance sans aucun train : hommes et chevaux vivent sur le pays.

Au 4 juillet, selon Toukhatchevski[1] les forces opposées étaient les suivantes :

Russes : 160.000 hommes,

Polonais : 95.000 hommes.

On voit qu'il ne faut pas se laisser impressionner par la dénomination *d'armées* donnée dans les deux

---

1. Toukhatchevski : *La Marche au delà de la Vistule* (annexe chez Pilsudski, p. 216.)

camps à des formations dont l'effectif est à peine celui
des Corps d'armée de 1914.

**

15 mai. — *L'offensive bolchévique se déclanche le
15 mai sur le front nord. Les 1re et 4e armées polonaises sont repliées à 100 kilomètres de Wilno.
L'état-major polonais envoie à leur secours l'Armée
de réserve (Général Sosnkowski) de nouvelle forma_
tion. Le 9 juin cette armée réussit à reprendre le
terrain entre Dryssa et Borysow.*

*Avant de reporter ces forces au nord, Pilsudski
aurait voulu se débarrasser de Boudienny qui vient
d'entrer en Ukraine. Il n'en a pas le temps et le
13 juin il fait évacuer Kiev.*

4 juillet. — *Le 4 juillet, Toukhatchevski reprend
l'offensive avec 21 divisions d'infanterie et 2 divisions de cavalerie.*

Devant l'attaque concentrée des Rouges, le front
polonais se présente comme un immense dispositif
d'avant-postes, en arrière duquel sont réparties les
divisions ; nulle part un gros de forces[1].

Sous la poussée bolchévique, ce front s'écroule :
Wilno, Minsk, tombent du 14 au 17, Grodno le 20,
Bialystok le 25. Le Niemen ne peut être tenu.

Pilsudski aurait voulu arrêter la retraite sur la ligne
Bug-Ostrolenka-Omulew, et faire une contre-attaque sur

---

1. Pilsudski était l'adversaire du système des Cordons ; mais
ses subordonnés, hantés par les errements de la Guerre mondiale,
passaient outre à ses instructions. (Voir : chap. II, V et VI), de
son livre.

Danzig
Königsberg
Dünamünde
Riga
Mittau
Memel
Rossienyi
Keidany
Wilkomir
Pilau
Niemen
Kowno
Yanov
Rumschiski
Widzy
Glouboksie
Polotsk
Drissa
Akoubovo
Dünabourg
Witebsk
Dwina
St Petersbourg
Gjatsk
Moskowa
Moscou
Borodino
Taroutina
Porretschié
Viasma
Malojaroslavetz
Dirschau
Marienwerder
Insterburg
Pregel
Alle
Olitta
Preny
Vilna
Smorgani
Kamen
Iakovo
Roudnia
Valoutina
Dorogobouch
Toula
Eliasan
Meretsch
Ochmiana
Volojine
Lischenkowski
Rossassna
Loubino
Smolensk
Kalouga
Graudenz
Ilyk
Lida
Minsk
Studienka
Borisov
Ucha
Krasnoie
Mohilef
Gorla
Thorn
Grodno
Motry
Nowogrodek
Ostrolenka
Narew
Lomza
Wolkowisk
Min
Slonim
Nesvije
Bobrouisk
Marais
Berezina
Plock
Pultusk
Bialystok
Briansk
Modlin
Serok
Praga
Varsovie
Kobrin
Bug
Niemen
Pinsk
Pripet
Mozyr
Pinsk
Lublin
Zamosc
Kiev
Vistule
Dniepr
Oka
Don

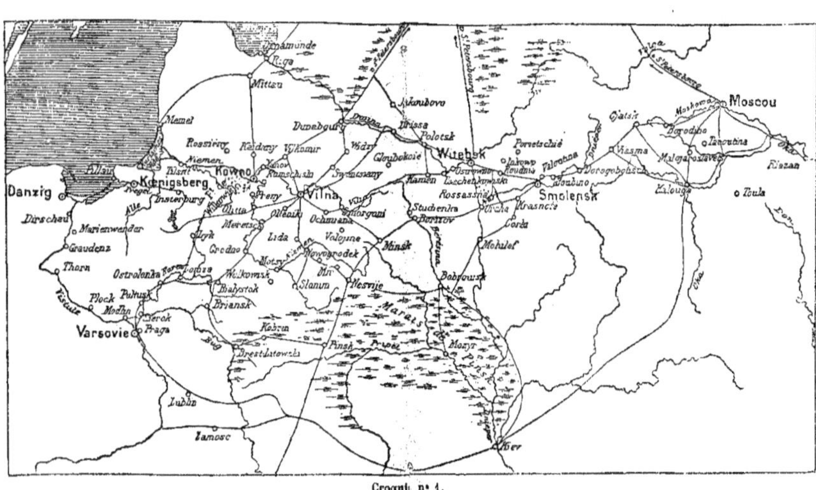

Croquis n° 4.

l'arrière des Russes, avec une masse de manœuvre portant sur la région de Brzesc.

Mais fin juillet les Rouges arrivent dans cette région et le 2 août Brzesc tombe entre leurs mains et Pilsudski n'a pas le temps d'exécuter sa manœuvre.

Déjà leurs avant-gardes atteignent le Bug vers Malkin. En vingt jours, les Polonais ont été ramenés de 450 kilomètres (distance de Paris à Brest).

Dans le même temps, sur le théâtre sud, ils ont perdu tout le train entre le Dnieper et le Styr.

Le 2 août, Pilsudski entrait à Varsovie.

Par bonheur, sur le Bug, dans la région de Malkin, les 1re et 4e armées purent arrêter les Rouges pendant quelques jours (29 juillet au 8 août).

Sur le théâtre sud, les 1er, 3 et 4 août la 2e armée, grossie de la 18e D. I., infligeait un échec à l'armée de Boudienny : la 18e D. I. s'emparait de Brody,

Mais l'arrêt des Bolchéviks à Malkin ne pouvait être que momentané et Malkin est à moins de 100 kilomètres de Varsovie (distance moindre que celle de Tergnier à Paris).

* *

ÉTAT MATÉRIEL ET MORAL DES FORCES EN PRÉSENCE

Armée polonaise. — Les unités les plus nombreuses provenant de l'amalgame d'hommes ayant appartenu aux armées allemandes, russes, autrichiennes. Les *Légions polonaises* qui ont servi du côté autrichien ont une tactique à elles, et sont homogènes; elles sont douées d'un moral excellent.

Il y avait en outre 6 divisions recrutées en France et formées surtout de volontaires polono-américains.

L'armement est très divers et la question des munitions fut de suite angoissante. Il n'y avait pas de fabrique de munitions en Pologne; il fallait compter sur les arrivages de France.

L'artillerie des divisions compte de 6 à 8 batteries; il n'y a pas d'artillerie de corps.

L'encadrement est défectueux, malgré des individualités remarquables; les officiers d'état-major surtout font défaut.

Sauf une ou deux divisions, dont la 18e, l'armée polonaise, suivant l'expression d'un officier français qui en fit partie alors, donnait l'impression d'un rassemblement de recrues. Beaucoup de soldats savaient à peine se servir de leur fusil, aussi le feu polonais était en général peu efficace. Mais les hommes ont une endurance extraordinaire. Cette armée a de la bravoure et cet enthousiasme qu'a soulevé la résurrection de la patrie polonaise; mais le soldat passait avec une facilité extrême de l'exaltation à l'abattement.

Pilsudski réunit dans ses mains le pouvoir civil et le commandement des armées.

Le Ministre de la Guerre est le Général Sosnkowski, son inséparable compagnon de lutte; le Chef d'État-Major est le Général Rozwadowski, originaire de Galicie Orientale et qui vient de l'armée autrichienne.

Forces bolchéviques. — Du côté bolchévique, même absence d'instruction militaire que du côté polonais; mais ils ne manquaient ni de matériel ni de munitions[1].

---

1. Ils avaient en particulier le matériel pris à Denikine et à Koltchak que l'Entente leur a donné. Quand aux moyens de réparations pour les voies ferrées, ils sont insuffisants et l'on ne dispose que d'un nombre très insuffisant de wagons.

Les armées bolchéviques sont commandées par des chefs très jeunes; leurs états-majors sont formés d'anciens officiers de l'état-major russe dont les conseils ne sont pas suivis. Un commissaire du peuple est près de chaque commandant d'armée.

A part quelques unités composées d'ouvriers communistes pour qui le pillage constitue la raison la plus nette de la révolution prolétarienne, le gros des forces bolchéviques est formées de paysans. Toukhatchevski raconte qu'au moment de commencer les opérations on a réincorporé 100.000 déserteurs.

Au cas de revers, aucune force morale ne viendra soutenir l'armée.

Il y a à Moscou un généralissime : Kamieniev.

Les troupes du front nord sont commandées par un jeune Général de vingt-huit ans, Toukhatchevski, sorti du corps des cadets. Il était enseigne au régiment Semenovski de la Garde quand éclata la guerre mondiale. Il fit bonne figure dans de nombreux combats. Fait prisonnier en 1917 il réussit à s'échapper. En mars 1918, il va offrir ses services à Trotsky. S'il n'a pas encore lu Karl Marx, il a, nous dit M. Fervacques, l'instinct révolutionnaire. C'était alors un garçon dégingandé, maigre, soigné de sa personne. Le visage pâle et mat, les cheveux noirs et aplatis rappelant le portrait de Bonaparte à l'armée d'Italie. Il ne croyait ni à Dieu ni au diable, mais il était d'une ambition féroce. Il s'exaltait à lire l'histoire de Pierre le Grand, de Catherine II, de Napoléon, admirant les héros qui par leur énergie, leur mépris des préjugés, avaient piétiné les hommes [1].

---

1. « *Un Général Rouge* », par Pierre Fervacques.

Est-ce l'ambition de dominer le monde, la foi en la révolution prolétarienne qui le fait agir ?

On dit qu'avant d'entamer son offensive contre la Pologne, il s'était entendu avec von Seeckt et que la révolution prolétaire en Pologne, si elle avait réussi, aurait été le prologue d'un nouvel assaut de l'Allemagne contre les Puissances de l'Entente.

Quoiqu'il en soit, ayant manqué son coup, il réintégra son Q. G. de Smolensk. C'est là qu'est venu le trouver sa nomination de Chef d'État-Major Général, c'est-à-dire de Général en Chef de l'armée soviétique, quand mourut Kamieniev.

Certes, il a de l'ardeur, mais non le génie de Bonaparte et il lui manque surtout une forte culture technique.

En définitive depuis le 4 juillet, Toukhatchevski marchait à toute allure. Ne rencontrant qu'une médiocre résistance, il pressait sa marche pour atteindre le plus vite possible Varsovie, y proclamer avec l'aide des communistes polonais la révolution prolétarienne et mettre les Puissances devant le fait accompli.

Il ne se préoccupait nullement d'assurer un ravitaillement méthodique : les munitions, on n'en dépensait que peu ; quant au vivres, on les trouvait dans le pays et chaque armée se faisait suivre de 10 à 15.000 charrettes enlevées aux paysans[1].

---

1. « En raison de la pénurie des moyens de transport de nos unités on en fut réduit à mobiliser une grande quantité de voitures », a écrit Toukhatchevski (p. 218). « La XIVᵉ armée en mobilisa 8.000, la XVᵉ et la IIIᵉ en mobilisèrent jusqu'à 15.000 ; la XVIᵉ 10.000 environ ».

« Cette grande quantité de moyens de transport permit à nos troupes de développer rapidement leurs opérations et d'entretenir une activité constante des arrières. Il y eut, il est vrai, un

En fait, les puissances tenaient surtout à n'avoir pas à intervenir.

Le 10 juillet, les délégués des pays de l'Entente avaient demandé à M. Grabski, premier ministre, de s'engager, au nom de la Pologne, à retirer les troupes jusqu'à la ligne Curzon, ligne qui ne représentait même pas la limite de l'ancien royaume du temps des tsars ; à abandonner Wilno aux Lithuaniens et à se soumettre aux décisions du Conseil interallié quant aux questions de la Galicie Orientale et de la Haute-Silésie. En échange on promettait à la Pologne, au cas où les Soviets refuseraient de signer l'armistice, de lui prêter main forte, mais dans la mesure que permettrait l'état d'épuisement des pays de l'Entente.

Ainsi, contre un secours problématique, la Pologne devait renoncer, de plein gré, à des terres essentiellement polonaises, telles que la Haute-Silésie et à des villes telles que Lwow (Léopol) et Wilno.

M. Grabski signa pourtant, mais son acte n'eut pas de lendemain, car le gouvernement soviétique pressenti par Londres, refusa toute intervention, déclarant, qu'il ne traiterait qu'avec la Pologne directement. Il espérait n'avoir à traiter qu'avec une Pologne rouge.

Ainsi, la Pologne est abandonnée à elle-même. La seule amitié non platonique qui lui est témoignée vient

chaos énorme dans ce travail, mais du moins jusqu'au Bug et à la Narew, nos troupes furent assez bien ravitaillées en produits de toutes sortes ».

« On tira de toutes parts des moyens de transmissions, mais malgré une grande insistance des hauts États-majors nous entamâmes les opérations de juillet dans des conditions de prépation insuffisantes à cet égard. Nous manquâmes de moyens de transmission et ce fut là la cause de l'échec de l'opération elle-même. »

de la France, dont la mission militaire, avec le Général Weygand, n'arrive que le 25 juillet. Les munitions envoyées de France en toute hâte, ne seront sur place, — par suite de l'attitude malveillante des Allemands, — qu'après la bataille décisive.

PREMIÈRE PARTIE

HISTORIQUE DE LA MANŒUVRE

CHAPITRE PREMIER

ÉLABORATION DE LA MANŒUVRE

Le 2 août, Pilsudski est rentré à Varsovie ayant dû renoncer à sa manœuvre du Bug. L'heure est tragique. Depuis un mois, devant le flot bolchévique, les corps lâchent pied, ramenés depuis la frontière de 600 kilomètres.

Quatre armées bolchéviques, IVᵉ, XVᵉ, IIIᵉ, XVIᵉ, s'avancent sur Varsovie. encadrées par un corps de cavalerie (IIIᵉ corps Gay-Khan) au nord, par le groupe dit de Mozyrz (2 divisions) au sud.

A peine ressuscitée, la Pologne va-t-elle périr? Grand Quartier et Gouvernement sont également démoralisés.

Le front Nord, qui vient d'être mis sous les ordres du Général Haller, comprend du nord au sud les unités suivantes : Groupe Roja, près de la frontière allemande, 1ʳᵉ et 4ᵉ armée, Groupe Sikorski (en Polésie).

Front Sud : 1ʳᵉ, 3ᵉ, 18ᵉ D. I. Leur état est assez bon, l'attaque de ce côté ayant été moins vive.

Tête de pont de Varsovie : à Radzymin, la 11ᵉ D. I. qui s'y réorganise ; à Zegrze, la 7ᵉ Brigade de réserve ; à Skierniewice, la Brigade Sibérienne.

Vers le 10 août, on pourra incorporer 25.000 engagés volontaires et hommes des dépôts.

Place Saski, siège de l'État-Major Général, le Général Rozwadowski, le Général Sosnkowski et le Général Weygand, arrivé de France le 25 juillet, ne cessent de s'entretenir sur la situation ; à leurs entretiens Pilsudski assiste et d'ordinaire sans mot dire.

Qu'une défensive pied à pied sur front continu ne puisse conduire à rien de bon, tous en sont d'accord. Il faudrait mettre en scène une contre offensive comme celle de Joffre sur la Marne.

Mais il faut tout d'abord empêcher les Rouges d'arriver à Varsovie. Devant la capitale, la Vistule offre un grand obstacle, à l'abri duquel on pourrait réorganiser les troupes, y incorporer les nouvelles levées, les volontaires, on peut même, au-dessus de Lublin, prolonger l'obstacle de la Vistule par le San jusqu'à Przemysl.

Telle est la solution préconisée par le Général Weygand.

Mais le chef d'État-major Rozwadowski, originaire de Galicie Orientale, s'élève contre l'abandon sans combat de cette province avec ses terres à pétrole et Lwow.

On décide alors d'arrêter le front défensif au confluent du Wieprz et de poursuivre les opérations en Galicie.

L'ennemi une fois arrêté devant la Vistule, la contre-attaque devra-t-elle partir de la droite ou de la gauche ?

Que les Russes aient pour objectif Varsovie, c'est

bien évident. Mais y marcheront-ils tout droit au risque de lourdes pertes sur la tête de pont que Sosnkowski vient d'organiser solidement — ce qu'ils ne peuvent ignorer — ou bien, pour éviter les pertes, imiteront-ils la manœuvre initiale allemande contre la France en 1914, tourneront-ils la tête de pont par l'ouest pour aller passer la Vistule à Plock ou Wlocla- wek, où elle n'a plus que 400 mètres, ce que fit en 1831 le Maréchal Paskiewicz, chargé de mettre à la raison Varsovie insurgée ?

Par cette manœuvre, ils auraient en outre le béné- fice de couper les communications de la Pologne avec Danzig où débarquent le matériel de guerre et les munitions envoyés de France. Sans munitions, puis- qu'il n'y a pas de fabriques suffisantes en Pologne, que fera-t-on ?

Cette dernière considération angoissait tout particu- lièrement les collaborateurs de Pilsudski.

Pour barrer la route de l'ouest aux Rouges, un moyen s'offre : prolonger sur la Narew et son affluent l'Orzyc, jusqu'à la frontière prussienne, le front défen- sif, au lieu de l'arrêter à Modlin sur la Vistule, — c'est ajouter à ce front un segment de 100 kilomètres. Mais on y trouvera encore cet avantage que si les Bolchéviks renoncent à la marche vers l'ouest et attaquent directement la tête de pont, les troupes placées derrière la Narew seront en bonne posture pour faire contre leur droite une attaque débordante comme celle de Maunoury en 1914.

« La Marne, a écrit Pilsudski, (p. 131), était très « fréquemment citée dans toutes les conversations, « et dans ces conversations, le Général Weygand et

« le Général Sosnkowski manifestaient une prédilec-
« tion particulière pour la Marne. Comme jadis le
« Maréchal Joffre qui avait tenu à interposer un fleuve
« et une rivière, la Seine et la Marne, entre lui et
« l'ennemi, pour effectuer un regroupement de ses
« forces en retraite, vers son aile gauche, c'est-à-dire
« du côté de Paris, ici on cherchait à se couvrir d'une
« rivière et d'un fleuve, le San et la Vistule, pour pro-
« téger une puissante manœuvre par l'aile gauche,
« dans la région de Modlin-Varsovie... »

« Personnellement, je prenais peu de part à ces con-
« troverses p. 132... » « La contre-attaque, à mon
« avis, ne pouvait être déclenchée de Varsovie ou de
« Modlin. Partout on se serait heurté de front aux
« forces principales de l'adversaire. » (P. 137).

La contre-attaque, c'est par l'aile droite que Pilsudski veut la faire sur les derrières des armées bolchéviques avec une masse rassemblée en secret derrière
le Wieprz.

Il ne croit pas d'ailleurs à une manœuvre tournante :
Toukhatschevski doit être trop énivré de ses succès
pour ne pas croire qu'il enlèvera d'emblée la tête de
pont.

Voici la manœuvre qui se dessine dans le cerveau de
Pilsudski : démoralisés, les Polonais le sont certes
présentement. Et comment ne le seraient-ils pas, étant
donné le chaos des opérations depuis un mois et cette
aberration de combattre passivement sur des lignes
indéfinies, système que lui, Pilsudski, occupé au sud
a été impuissant à faire abandonner par des subordonnés insubordonnés ?

Mais dès que les troupes seront arrêtées sur la Vis-

tule, reposées, reprises en main, qu'elles auront cons-
cience d'entrer dans un plan médité, quand on leur
aura parlé de la détresse de la patrie et des malheurs
qui les attendaient personnellement si les Rouges
étaient vainqueurs, elles se reprendront. Le moins
qu'on puisse en attendre, c'est qu'ils trouvent sur la
tête de pont les quelques jours nécessaires à la préparation de la manœuvre, plus les deux jours qu'elle
mettra à produire son effet. La tête de pont est solidement organisée, elle a de profondes tranchées, du
barbelé, des mitrailleuses et les 43 batteries de grosse
artillerie.

Et d'ailleurs, comme l'a dit Napoléon : *à la guerre
on voit ses maux, on ne voit pas ceux de l'ennemi ;* il
faut montrer de la confiance. Les Rouges, malgré
leurs succès, sont-ils dans un état matériel et moral
excellent? Étant donné la rapidité de leur avance, la
difficulté de se faire suivre par les milliers de charrettes
qu'ils ont réquisitionnées pour suppléer aux voies
ferrées, mises hors de service par les Polonais en se
retirant, leur dénûment doit être extrême, comme
aussi leur fatigue. Les hommes, en grosse majorité
de classe paysanne, sont extrêmement las de la guerre.
Seuls les communistes auxquels les commissaires du
peuple ont promis le pillage de Varsovie, sont encore
pleins d'ardeur ; mais cette ardeur, le moindre échec
l'abattra.

Qu'on jette sur leurs derrières, tandis qu'ils seront
arrêtés devant la tête de pont, une masse suffisante
qui rafle avec leurs charrettes leurs vivres et leurs
munitions, qu'arrivera-t-il? Leur démoralisation sera
immédiate.

Le commandement rouge lui-même aura une surprise complète : depuis un mois que les Polonais reculent constamment, comment s'attendrait-il à pareil revirement ? Comment pourrait-il dès lors remédier sur l'heure à la situation critique où il se trouvera ? Offrir à la masse de manœuvre une bataille à fronts renversés après avoir concentré toutes ses forces ? Mais ces forces comment vivront-elles concentrées les quelques jours nécessaires à la préparation de cette bataille. Et cette bataille avec quelle munition la livrer ? La seule ressource de Toukhatchevski sera d'ordonner une prompte retraite pour retrouver vivres et munitions et se rassembler au delà de quelque ligne d'eau : Bug ou Narew. Ce demi-tour ne pourra s'exécuter que dans le plus grand désordre car les liaisons entre le G. Q. G. russe à Minsk et les armées, auront été coupées par les Polonais, coupées aussi les liaisons des armées les plus à l'est avec leurs Q. G.

En désordre, démoralisés, les Bolchéviks offriront une proie facile aux Polonais exaltés par leur manœuvre.

Et alors, nous arrivons à un point capital :

Cette manœuvre qu'était-ce ? Indiscutablement une manœuvre napoléonienne sur les derrières de l'adversaire.

Deux conditions essentielles : 1° *la surprise :* donc secret de rassemblement de la masse de manœuvre, rapidité de l'avance. 2° Effectif suffisant pour la masse de manœuvre, encore qu'il n'y eut pas à prévoir pour elle une bataille rangée contre les forces soviétiques.

Comme on compte ramener 10 divisions devant Varsovie, Pilsudski estime qu'étant donné la forte proportion d'artillerie sur la tête de pont, on pourra prendre sur les 10 divisions pour la masse de manœuvre.

Ici Pilsudski se heurte à ses collaborateurs. L'état lamentable des troupes a fait sur eux une telle impression que la contre-attaque de Pilsudski ne leur inspire qu'une médiocre confiance.

Encore faudrait-il être sûr que l'on tiendra sur la tête de pont.

Rozwadowski lui-même en doute[1].

Va-t-on faire reposer sur cette contre-attaque le sort de la Pologne : Car si la manœuvre échoue, c'est le désastre irrémédiable.

Or, le moral des troupes semble irrémédiablement atteint.

N'est-il donc pas préférable de barrer la route de l'ouest et, si l'on est forcé d'abandonner Varsovie, de se retirer sur Torun (Thorn) ou sur Poznan (Posen). Là, jusqu'au bout on restera en communication avec Danzig, par où les Puissances se décideraient peut-être à envoyer du secours.

Pour l'instant, il s'agit de gagner le temps nécessaire pour organiser les nouvelles levées, encadrer les volontaires, obtenir le concours des Roumains. Que Pilsudski tente sa manœuvre, s'il y tient, mais sans toucher aux forces que la prudence commande de laisser à la gauche du front.

Ces arguments paraissent assez forts.

Pilsudski personnellement ne comptait guère sur le secours des Puissances ni sur celui des Roumains. Ces secours, il faudrait d'ailleurs les acheter par des con-

---

1. Il l'avoua à un haut général français envoyé à ce moment là de Berlin à Varsovie.

cessions aux Soviets, comme le voulait Lord Curzon. N'était-il donc pas possible à la Pologne de se sauver elle-même ?

Malgré tout il crut devoir tenir compte des observations de ses collaborateurs.

Mais alors, avec quoi constituer la masse de manœuvre, si on ne prenait pas dans les 10 divisions de la tête de pont?

C'est alors que Pilsudski pensa à faire de la 4ᵉ armée la pièce capitale de la masse de manœuvre.

Ce qui l'y inclina, — a-t-il écrit, — c'est le calme et la lenteur avec lesquels elle avait fait sa retraite. D'autre part, la direction dans laquelle l'ennemi la poussait, l'amenait sur la Vistule entre Demblin et Varsovie, région où il n'y avait ni ponts ni moyens de passage rapide. Il fallait donc l'attirer soit vers Varsovie, soit vers Demblin, ou bien encore la partager en deux fractions et diriger l'une vers Varsovie, l'autre vers Demblin. Si tout ou partie de la 4ᵉ armée était détourné vers le sud, ce serait là un premier morceau pour la masse de manœuvre. (Voir p. 138 et s.)

A cette fraction venant du nord, Pilsudski décida en joindre une autre tirée du sud. « Le sud se trouvait en « meilleure posture que le nord... Ce qui rendait ce « prélèvement plus facile, c'était le fait que toute la « cavalerie de Boudienny avait été rejetée en avant du « front et qu'ainsi les mouvements par voie de fer ou « de terre ne pouvaient être troublés ». (p. 139.)

La 6ᵉ armée, dès qu'elle serait trop pressée par l'ennemi, se retirerait lentement sur Lwow. En outre, au cas où Budienny marcherait vers le nord, toute la cavalerie, avec la meilleure des divisions d'infanterie, se mettrait à sa poursuite pour l'arrêter à tout prix.

Pilsudski voyait donc malgré tout, la possibilité de constituer une masse de manœuvre, d'effectif médiocre, il est vrai, mais qui lui parut suffisant pour exécuter la manœuvre libératrice.

Quel point de direction devait-on donner à la masse de manœuvre? Bien évidemment Malkin, point, où la principale route de retraite des Rouges passait le Bug.

Les munitions? On en a peu, mais c'est sur le mouvement plus que sur le feu qu'est basé le succès de la manœuvre.

Les vivres, on les trouvera sur le pays ou sur les milliers de charrettes des convois ennemis.

D'ailleurs, dès que la masse de manœuvre dépassera Siedlce, la voie ferrée Varsovie-Siedlce apportera vivres et munitions.

Un bénéfice capital procuré par la manœuvre, c'est de supprimer les angoisses au sujet des agissements de l'ennemi. Qu'il concentre ses efforts contre la tête de pont ou qu'il veuille la tourner par l'ouest à Plock ou à Wloclawek, ou qu'il détache sa droite pour fermer le corridor de Danzig, Toukhatchevski devra abandonner ces diverses entreprises dès que se développera la manœuvre. Ainsi, au lieu de rester subordonné à l'adversaire, on se subordonne cet adversaire.

Pour la réussite de la manœuvre, le principal atout — c'est la surprise : il faut cacher aux espions rouges le rassemblement de la masse de manœuvre[1]. La manœuvre une fois déclenchée, Toukhatchevski, à son G. Q. G. de Minsk va-t-il, aux premières nouvelles d'une attaque sur son flanc gauche, croire à une offensive

1. Le manque d'aviation des Bolchéviks rendra le secret plus facile.

sérieuse? Absolument pas; il lui faudra quelques heures pour « réaliser » la situation et alors il sera déjà trop tard pour y porter remède.

Au sud, Budienny et la 12° armée trompés par des démonstrations, n'apprendront aussi que trop tard que les Polonais se sont éclipsés. Lorsqu'ils se reporteront en avant, la manœuvre aura produit son effet, les armées de Toukhatchevski seront en retraite. L'armée de cavalerie et la 12° armée devront en faire autant.

Certes la manœuvre comporte des aléas : Arguments pour, objections contre, se livrent de rudes combats dans ce cerveau qui cumule les responsabilités de Commandant en chef et de Chef de l'État,

Il y a, a-t-il écrit, une expression admirable d'un homme qui plus que personne a connu les affres du Général en Chef lorsqu'il lui faut prendre une décision capitale : « J'étais, a dit Napoléon, comme une fille qui accouche ». (Cf : p. 136) Pilsudski lui aussi, dans cette nuit historique du 5 au 6 août, où il s'isola dans son cabinet du Belvédère pour prendre une décision, connût les affres de cet accouchement.

« En réfléchissant à toutes ces données, dit-il, la
« seule conclusion à laquelle j'aboutis, c'est qu'il ne
« fallait compter pour la contre-attaque que sur 3 ou 4
« divisions d'infanterie renforcées d'une petite quantité
« de cavalerie. Qu'était-ce en face d'un ennemi qui
« jusqu'ici avait constamment brisé la résistance de la
« majeure partie de nos forces? » (p. 138 et s.)

Tous les calculs de Pilsudski aboutissaient, suivant son expression, à ce *non-sens stratégique* de consacrer le plus gros des forces à un rôle passif sur Varsovie et à n'avoir pour la contre-attaque que des forces infimes.

« Après avoir comparé à plusieurs reprises toutes mes

« solutions, je décidai deux choses : Ramener au Sud
« la majeure partie de notre 4e armée et au risque de
« compromettre la couverture du Sud, de lui enlever
« les 2 divisions que je considérais comme les meil-
« leures 1e et 3e de Légion ». (p. 140 et s.)

Telles furent les bases de l'ordre du 6 Août, qui, éla-
boré au bureau des opérations, ne nous donne pas la
conception même de Pilsudski, mais cette conception,
modifiée par les concessions faites par lui à ses collaborateurs.

La contexture de l'ordre est loin d'être un modèle
d'État-major. L'ordre tient quatre grandes pages d'imprimerie où l'accessoire se mêle à l'essentiel. Il explique
en tous détails la manœuvre et comme il fut envoyé tel
à toutes les armées, il suffisait qu'un seul exemplaire
s'égarât jusqu'au G. Q. G. bolchévique pour tout compromettre. De fait, Toukhatchevski en eut connaissance,
mais il crut à un piège et n'en tint pas compte.

L'ordre ne fut pas d'ailleurs exécuté tel quel : le 8 Août,
Pultusk fut enlevé par les Rouges : la charnière qui
rattachait le front défensif prévu sur la Narew et l'Or-
zic à la tête de pont de Varsovie étant brisé, ce front
défensif du nord tombait par là même. On aurait pu
envoyer à la masse de manœuvre une partie, tout au
moins, des forces qui avaient été attribuées à ce front;
les collaborateurs de Pilsudski, toujours préoccupés
de l'avance rouge vers l'ouest, obtinrent d'en renforcer
la 5e armée qu'on placerait au nord de Modlin.

Le Général Sikorski, commandant la 5e armée, ne
paraît pas d'ailleurs avoir eu, à ce moment, des rapports
directs avec Pilsudski ; il relate ainsi les faits :

« Le Maréchal Pilsudski conféra le 8 août avec le
« Général Rozwadowski et le Général Weygand et

« décida sur-le-champ la modification partielle du plan
« arrêté précédemment ; il convint de créer dans la
« région Modlin-Pultusk un groupe de manœuvre plus
« puissant qui comprendrait la 18ᵉ D. I. et la brigade
« sibérienne. »

« Cette décision fut l'objet de l'ordre du 9 août, écrit
« de la main du Chef d'État-major. » (p. 74 et s.)

La 5ᵉ armée devait empêcher l'ennemi de s'enfoncer
davantage entre Modlin et la frontière allemande, puis
elle devait, au moment voulu, détacher un groupe
offensif comprenant la 18ᵉ D. I. et la 8ᵉ brigade de
cavalerie, sous le commandement du Général Krajowski
pour attaquer par Ostrolenka les derrières des troupes
russes au moment où elles s'engageraient devant Varsovie. « Pratiquement, ajoute Sikorski, il ne sera pas
« possible de réaliser grand chose de ces prescriptions.
« Il en restera le renforcement de la 5ᵉ armée et sur-
« tout l'idée de faire participer la gauche du front à la
« contre-offensive ».

N'ayant qu'une faible confiance dans la manœuvre
de Pilsudski, ses collaborateurs, au lieu d'entrer dans
sa pensée, et de rechercher les moyens d'augmenter
l'effectif de la masse de manœuvre, ne pensent qu'à
arrêter de front la manœuvre bolchévique qu'ils
croient devoir se développer entre la frontière prussienne et Pultusk.

Le 9, le Général Sikorski arrivait à Varsovie pour
prendre le commandement de la 5ᵉ armée, et se présentait au Général Rozwadowski. Nous pouvons voir
dans son ouvrage les divergences d'idées entre le
G. Q. G. et Pilsudski.

« Le Chef d'État-major m'orienta, écrit-il p. 71, sur
« les intentions du commandant en Chef, dans l'esprit

« desquelles les effets de la contre-offensive devaient se
« faire sentir devant Varsovie au plus tard le 19 août.
« Il m'exposa ce que lui-même demandait à la 5e armée
« et me fit remarquer que dans le cas où la 5e armée se
« trouverait en mauvaise posture, il serait possible de
« de la renforcer par la 10e D. I. stationnée dans ce but
« à Jablonna »...

« Le Général Weygand estimait que notre situation
« au nord du Bug-Narew était sérieuse. Se reportant
« au théâtre des futures opérations de la 5e armée, il y
« souligna la grande supériorité de l'ennemi... »

« Je pus ainsi constater que la conception de la
« *bataille de la Vistule*, adoptée le 6 août, s'était pro-
« fondément modifiée depuis... »

Elle s'était modifiée au G. Q. G. mais non dans l'esprit de Pilsudski.

Et Sikorski continue :

« La décision du 6 août du commandant en chef
« avait été basée sur les renseignements que nous pos-
« sédions à cette date sur l'ennemi... »

« L'erreur capitale d'alors était de supposer au sud
« du Bug-Narew le centre de gravité des troupes
« rouges marchant sur Varsovie, alors qu'il se trouvait
« en réalité au nord de cette rivière. »

« Comme il ressort de l'entretien du colonel d'état-
« major Piskor avec le Général Haller, commandant le
« front nord, dès le 8 août, on constatait qu'une partie
« de la 4e armée soviétique glissait au nord en direc-
« tion de l'ouest : on en concluait en général que sa
« mission était de tourner notre aile gauche ».

« Sous le coup de cette information, on envisagea
« sérieusement (le G. Q. G. mais pas Pilsudski) la pos-
« sibilité de modifier le plan d'opération qu'on venait

« d'établir. On résolut, avant tout, de battre le groupe
« soviétique nord à l'aide d'une attaque exécutée du
« côte de Modlin et Pultusk, afin de consolider la
« gauche de notre front le long de la rivière Omulew
« et ensuite sur la ligne Rozan-Pultusk-Zegrze, et alors
« de faire partir une contre-attaque de la gauche du
« front. Une des premières et indispensables condi-
« tions de cette manœuvre était la possession de Pul-
« tusk ».

« La deuxième condition du succès de la manœuvre
« *conçue par le colonel Piskor* était de jeter d'assez
« bonne heure dans la région de Modlin et dans celle
« de Pultusk des troupes fraîches qui partiraient de là
« à la *contre-attaque.* »

« Or, maintenant, on s'apercevait au moindre exa-
« men que c'était irréalisable en raison de la progres-
« gression de la droite russe et de l'epuisement exces-
« sif de notre 1ᵣᵉ armée. Cette armée, engagée dans
« une lutte très dure et ininterrompue, ne pouvait se
« constituer les réserves nécessaires à la contre-attaque
« envisagée. Pourtant nous apprécions alors la situa-
« tion avec tant d'optimisme qu'on décida de porter
« notre front sur la Narew et l'Omulew, nous voulions
« non seulement assurer une sécurité suffisante à notre
« aile gauche, mais encore prendre une excellente
« base de départ pour contre-attaquer du Nord au
« Sud l'ennemi attaquant Varsovie. *De cette façon il*
« *serait possible d'envelopper les troupes russes par*
« *les deux ailes ou de remplacer la contre-offensive*
« *projetée en partant du Wieprz, par la contre-offen-*
« *sive partant de l'* « *Omulew dans la direction oppo-*
« *sée* ».

« L'approbation de cette idée le 9 août par le com-

« commandant en chef (??) fut une modification capi-
« tale à la décision du 6 août. Cette dernière consistant
« à attaquer à une seule aile, en débouchant du Wieprz
« dans une direction parallèle au front stabilisé jusqu'à
« la frontière de Prusse. *Elle se transformait en une*
« *action enveloppante aux deux ailes, manœuvre que*
« *le Général Weygand ne cessait de préconiser dans*
« *ses notes, et qui, nous nous en sommes convaincus*
« *plus tard, répondait logiquement à la situation*
« *militaire réelle au nord de Modlin.* »

Ces lignes du Général Sikorski nous montrent qu'au
G. Q. G. polonais en 1920, comme au G. Q. G. allemand en 1914 et aussi dans d'autres G. Q. G. à la
même époque, le bureau des opérations se croyait au-
dessus du Général en Chef — un amateur après tout —
et ce G. Q. G. en revenait toujours à l'idée d'arrêter
l'avance des Bolchéviks par une contre-attaque partant de la gauche du front.

Pilsudski n'avait pas abandonné sa manœuvre napoléonienne ; il ne l'avait pas troquée contre une manœuvre forme Cannes à double enveloppement, manœuvre si chère à Schlieffen et à Joffre. La formation
d'une forte 5ᵉ armée sur la gauche du front défensif
n'était qu'une concession qu'il s'était laissé arracher
par ses collaborateurs.

Quand on constate de telles divergences entre les
idées du Maréchal Pilsudski et celles de ses collaborateurs, et la dispersion des efforts qui en fut la conséquence, on ne peut qu'être frappé de la valeur souve-
raine de la manœuvre sur les derrières, qui malgré
tout procura la victoire.

Quoi qu'il en soit voici comment Pilsudski (p. 145)

nous dépeint son état d'esprit lorsque, dans la nuit du 12 au 13, il quitta Varsovie :

« Avant mon départ de Varsovie, j'eus, place Saski, « un entretien définitif avec les trois hautes personna- « lités dont j'ai déjà parlé. Au cours de cet entretien, « j'énonçai mes idées comme suit : 1° sur les 20 divi- « sions d'infanterie devant prendre part à la bataille « qui allait décider du sort de notre capitale, 15 envi- « ron, c'est-à-dire les 3/4 avaient un rôle passif, et « 5 divisions et demie seulement (dont une même aurait « du retard) un rôle actif ».

« Varsovie, où étaient rassemblées 10 divisions et « demie, possédait en outre une artillerie considérable « et je pensai qu'il suffisait du feu de l'artillerie joint « aux avions également rassemblés à Varsovie, pour « contenir l'ennemi assez facilement. Je ne pensais « donc pas que le facteur temps eût une grande impor- « tance pour Varsovie. Au contraire, j'estimais, qu'il « valait mieux pour l'ensemble des opérations que l'en- « nemi subît de grosses pertes au cours de son attaque « et qu'il fût accroché à la garnison de Varsovie assez « fortement par la bataille pour qu'il ne lui fût pas « possible d'opposer une force sérieuse à l'avance des « divisions que je commandais, soit 5 divisions. »

« 2° Je montrai que les troupes réunies pour la « contre-attaque... devaient disposer d'un certain « temps pour se reposer et se regrouper convenable- « ment après avoir incorporé les renforts qui leur « étaient envoyés. Je devais également disposer d'un « certain temps moi-même pour inspecter les troupes, « car je craignais que leur moral ne fût pas assez élevé « pour une opération aussi délicate et aussi risquée. « Aussi, je ne croyais pas pouvoir entamer l'opération

« avant le 15 août. Je pensais d'ailleurs réussir deux
« jours après le début de l'opération, à me rapprocher
« assez de Varsovie attaquée par l'ennemi pour que la
« coopération de mes divisions avec le gros des forces
« réunies à Varsovie et aux environs fût déjà pos-
« sible... »

« *Je partais (de Varsovie) avec le sentiment pro-*
« *fond de l'absurdité de la situation et même avec un*
« *certain dégoût de moi-même, qui, en raison de la*
« *pusillanimité et de l'impuissance des Polonais,*
« *avait dû enfreindre toute logique et toutes les lois*
« *saines de la guerre* ». (p. 147.)

En arrivant au Q. G. à Pulavy, Pilsudski eut la joie
de constater que le moral des divisions — il y en avait
déjà 4 concentrées — n'était pas aussi mauvais qu'il
l'avait craint.

Les renseignements sur l'ennemi étaient assez con-
fus.

« Les rapports de Varsovie étaient tranquillisants, a
« écrit le Maréchal — l'ennemi, selon toute évidence
« se préparait à l'attaque et groupait ses forces en con-
« séquence. Le sud non plus ne m'envoyait pas de
« nouvelles alarmantes... Je résolus de ne pas déclen-
« cher mon attaque avant le 17 août au matin, quand
« les attaques sur Varsovie se seraient déjà suffisam-
« ment développées et que le gros des troupes sovié-
« tiques, aurait bien été accroché par les gros de nos
« forces rassemblées à Varsovie ». (p. 148.)

Le lendemain. Pilsudski déchanta :

« Mais le lendemain (14) la situation se gâta pour
« moi. De Varsovie arrivaient des télégrammes angois-

« sants. La première attaque des Soviets avait brisé
« notre résistance et Radzymin, ainsi que les environs,
« avait été enlevé d'assaut. Les dépêches d'un carac-
« tère alarmant dépeignaient l'état d'esprit qui régnait
« dans la capitale. J'éprouvai un certain étonnement en
« apprenant que la pression exercée par les troupes de
« Toukhatchevski augmentait vers l'ouest dans la direc-
« tion de Plock et même de Wloolaweck et Brodnica... »

« On essayait nettement de faire pression sur moi
« pour que je vole au secours de la capitale et pour
« que je me détermine à prendre l'offensive tout de
« suite, même avant la fin de mes préparatifs. Bien
« que cette insistance et cette angoisse me parussent un
« non sens absolu, je n'en fis pas moins... une conces-
« sion contraire au bon sens et à la raison et, après
« un instant d'hésitation, j'avançai d'un jour la date
« du déclenchement de la contre-attaque et je fis savoir
« à Varsovie qu'elle commencerait le 16 à la pointe du
« jour ». (p. 149.)

Le 15, les nouvelles de Varsovie furent plus rassu-
rantes : tout de même la poussée de l'ennemi agissait
sur Radzymin et vers Modlin. Au sud Budienny commençait à presser la 6e armée qui déjà entamait un
mouvement de recul vers Lwow. Pilsudski décida de
revenir à la date du 16 pour le déclenchement de sa
manœure. Avant d'en suivre le développement, il faut
revenir sur les préparatifs.

ORDRE DU 6 AOUT 1920

*La progression rapide de l'ennemi à l'intérieur du
pays et ses violents efforts pour franchir le Bug et*

marcher sur Varsovie, conduisent le commandant en chef à transporter le front nord-est sur la ligne de la Vistule et à accepter une grande bataille sous Varsovie.

I. Le commandant en chef a choisi comme ligne principale de défense : les rivières Orzyc-Narew avec la tête de pont de Pultusk, la tête de pont de Varsovie-Vistule, la tête de pont de Demblin-Wieprz, plus an sud le Sereth ou la Strypa. Cette ligne permet d'échelonner nos troupes en mesure d'attaquer les flancs et les communications des forces ennemies au cours de leur progression.

Le terrain, le dispositif et les objectifs de l'ennemi, et nos propres intentions, divisent ce front en 3 secteurs principaux :

a) Front nord ; de la frontière allemande à la tête de pont de Demblin exclue.

b) Front du centre : de Demblin inclus à Brody [1] *exclus.*

c) Front sud : de Brody inclus à la frontière sud du territoire.

II. L'idée de manœuvre du commandant en chef pour la période qui s'ouvre est :

1° Au sud, fixer l'ennemi, en couvrant Lwow et les puits de pétrole.

2° Au nord, interdire à l'ennemi de nous déborder le long de la frontière allemande, l'affaiblir en lui infligeant de sanglants échecs devant les têtes de pont de Varsovie qu'il attaquera vraisemblablement.

---

1. Brody est sur la voie ferrée de Lwow à Rowno et à mi-chemin, à l'ancienne frontière de Russie et de Galicie.

3° Le centre a une mission offensive : rassembler rapidement une armée de manœuvre sur le bas Wieprz, la jeter sur le flanc et les arrières de l'ennemi attaquant Varsovie, et le battre.

Un groupement constitué sur le haut Wieprz aura pour mission initiale de couvrir vers l'est et le sud-est la concentration de l'armée de manœuvre en directions du nord-est. La coopération des forces du front nord est aussi envisagée.

III. Caractéristiques et missions des secteurs :

1° Nord, sous le commandement du Général d'arme Haller : est le plus menacé par suite de l'intention de l'ennemi de s'emparer de la capitale, soit en l'attaquant de front, soit en la débordant par le nord, ou peut-être en essayant de forcer la Vistule au sud de Varsovie. Le secteur nord est donc subdivisé en 3 sous-secteurs :

a) de la frontiere allemande à Pullusk inclus, sous-secteur de la 5° armée sous les ordres du Général de brigade Sikorski.

Mission : tenir les passages de la Narew, la Narew et l'Orzyc, faire agir sa cavalerie sur l'aile droite ennemi. Briser tous les efforts de l'ennemi pour percer.

b) De Serock inclus à Karczew inclus, tête de pont de Varsovie, sous-secteur de la 1ʳᵉ armée sous le commandement du Général de brigade Latinik, actuellement gouverneur militaire de Varsovie.

Mission : repousser les attaques sur Varsovie, infliger à l'ennemi le plus de pertes possibles dans le but d'affaiblir sa force de résistance.

c) De Gora-Kalwarja inclus à Demblin exclus, sous-

secteur de la 2° armée sous le commandement du Général de division Raszewski.

Mission : surveiller et tenir ligne de la Vistule.

2° **CENTRE.** *Sous le commandement du Général de division Rydz-Smigzy. Constitue le groupe de manœuvre qui profitera de l'affaiblissement de l'ennemi résultant de ses attaques sur la tête de pont de Varsovie et bénéficiera de notre regroupement à l'aile pour infliger une défaite décisive aux forces principales ennemies. Ce secteur se subdivisera en 2 sous-secteurs :*

a) De Demblin inclus à Kock inclus, sous-secteur de la 4ᵉ armée, principale unité d'attaque, sous les ordres du Général de brigade Skierski.

Mission : de concentrer dans la région Demblin-Lysobyki-Kock avec des réserves échelonnées en profondeur, attaquer en direction générale de Minsk-Mazowiecki.

b). De Kock exclus à Brody exclus, sous-secteur de la 3° armée sous le commandement du Général de division Zielinski.

Mission : d'abord couvrir la concentration de la 4ᵉ armée; faire accrocher la cavalerie ennemie par sa propre cavalerie; ensuite, lorsque l'attaque de la 4ᵉ armée se déclanchera, attaquer en échelon, l'infanterie en direction de Lukow[1] couverte à l'est par la cavalerie.

3° **SUD.** *Sous le commandement du Général d'arme Dowbor-Musnicki.*

---

1. Lukow est au Sud de Siedlce sur la voie ferrée Brzesc-Varsovie.

Mission : couverture de la Petite-Pologne Orientale en direction de Hrubieszow-Rawa-Ruska. A dans ce but deux sous-secteurs :

a) De Brody inclus à la frontière que le commandant en chef ne définit pas davantage ; sous-secteur de la 6e armée, sous le commandement du Général de division Iwaszkiewicz.

b). Partie sud du front : occupée par l'armée du Général Pawlenko.

IV. Prescriptions générales.

1° Rompre le contact à la nuit, effectuer la première nuit une très longue marche, en laissant seulement de faibles arrières-gardes de cavalerie et d'infanterie transportée en voiture avec des mitrailleuses, qui resteront sur place, mais se retireront devant une attaque en force de l'ennemi. Ces indications concernent principalement le groupe de Polésie et l'actuelle 4° armée.

2° Commencer immédiatement à évacuer les parcs, convois et établissements des services, en tenant compte de ce que le nombre des passages sur la Vistule et le Wieprz est limité. Maintenir l'ordre dans les colonnes de véhicules pour qu'elles n'obstruent pas les routes et les passages.

3° S'efforcer de replier de suite les unités qui changent d'affectations d'après l'ordre de bataille ; les mettre en route de façon que les chemins soient libres pour les troupes qui se retireront ensuite.

4° Occuper les nouveaux secteurs en temps voulu et en ordre, surtout le front de la tête de pont de Varsovie et de la Vistule. Des instructions détaillées seront données dans ce but par le commandant du front nord après entente avec le Général Latinik.

5° Dans les nouveaux secteurs, les divisions devront se remettre promptement en ordre et absorber beaucoup de renforts sous forme de bataillons de volontaires et bataillons de marche; en tenir compte.

6° Sur la Vistule existent les passages suivants :

Ponts en fer : Modlin-Varsovie (aménagé pour le trafic routier) ;

Demblin, Sandomir ;

Ponts de pilotis : Varsovie, Demblin ;

Ponts de bois : Pulawy-Annopol ;

Pont lourd de bâteaux : Modlin.

En construction. A Varsovie, un pont léger de bateaux sera prêt le 12 août. A Gora-Kalwarja un pont de fortune sur bateaux sera prêt le 15 août.

Bacs à vapeur : Jablonna et Gora-Kalwarja fonctionneront à partir du 8 août.

V. Exécution.

a) *La retraite des armées du front nord commencera le 7 dans la nuit. Elle devra s'effectuer de façon que le groupe du Général Roja et surtout l'aile gauche de la 1ʳᵉ armée retardant le plus longtemps possible, la poussée de l'ennemi sur la direction Malkin-Varsovie et lui interdisant absolument d'assaillir les forces couvrant Varsovie sur les positions de la tête de pont, jusqu'au 12 août, date à laquelle les travaux de renforcement de ces positions seront terminés.*

Dans ce but, la gauche de la 1ʳᵉ armée devra rester à hauteur de Wyszkow jusqu'à ce que le reste du front au sud ait atteint la ligne rivière Liwiec-Siedlce-Lukow-Torkawic rivière Wieprz.

Pendant la suite de la retraite, nos troupes de la

tête de pont de Varsovie devront repousser toutes les attaques ennemies jusqu'à ce que la concentration de la 4ᵉ armée au sud du Wieprz soit terminée, c'est-à-dire jusqu'au 16 août environ.

La gauche de la 3ᵉ armée se retirera sur la ligne du Wieprz, en liaison étroite avec le groupe de Polésie, de façon à ce que ses troupes soient à la hauteur des arrières-gardes du groupe de Polésie dont elle protégera ainsi la retraite. Les commandants des deux fronts s'entendront sur les détails d'exécution de cette retraite.

Le nouvel ordre de bataille entrera en vigueur au moment où les unités en retraite atteindront les positions définitives en fin de repli ; la 4ᵉ armée restera sous les ordres du Général Haller jusqu'à l'achèvement de sa concentration.

b) Regroupement des troupes en fin de repli.

Les secteurs des différentes armées sont indiqués au paragraphe III.

1° *5ᵉ armée. Outre le groupe actuel du général Roja, recevra des unités de l'aile nord (voir l'ordre de bataille) et la 17ᵉ D. I., dont le commandant du front nord-est réglera le transport dans la région de Pultusk le plus tôt possible.*

2° *1ʳᵉ armée. — Sur la tête de pont de Varsovie, aura à sa disposition, outre les unités en retraite de la 1ʳᵉ armée et la 15ᵉ D. I.*

a) *La 11ᵉ D. I. et la 7ᵉ brigade de réserve actuellement toutes deux en voie de réorganisation.*

b) *La 18ᵉ D. I. qui, venant de la 6ᵉ armée est en cours de déploiement.*

c) *Les unités actuellement sous les ordres du Gouvernement militaire de Varsovie.*

3° 2ᵉ armée. — *Comprendra la 2ᵉ division des Légions et la 4° D. I. qui passeront la Vistule à Demblin et Varsovie, ou à Gora-Kalwarja si le pont y est prêt en temps voulu. De la cavalerie lui sera en outre affectée.*

4° 4ᵉ armée. — *Comprendra :*

a) *Les 14ᵉ, 21ᵉ et 16ᵉ D. I., la 17ᵉ brigade d'Infanterie.*

b) *La 6° D. I., dont les brigades seront retirées du front dans le plus bref délai et transportées à Demblin en chemin de fer, par les soins des commandants des fronts nord-est et sud-est.*

5° 3ᵉ armée. — *Comprendra la 6ᵉ division ukrainienne, la 7ᵉ division des troupes du Général Balachowicz, une brigade de cavalerie et les 1ʳᵉ et 3ᵉ divisions de Légions.*

6° 6° armée. — *Comprendra les 13ᵉ et 5ᵉ D. I., une brigade de cavalerie et l'armée du Général Pawlenko.*

CHAPITRE II

PRÉPARATION DE LA MANŒUVRE

THÉATRE DES OPÉRATIONS.

Le théâtre des opérations s'étendra en fait entre Vistule, Bug et Narew.

Ces cours d'eau y ont une importance considérable.

Le confluent, près de Modlin, du Bug-Narew avec la Vistule forme un nœud hydrographique des plus importants. C'est une sorte d'éventail dont la Vistule, le Bug-Narew et leurs affluents forment les rayons.

La Vistule de Varsovie à Demblin (confluent du Wieprz); le Bug de Serock à Brest-Litewski (où l'on touche aux marais de Polésie); la Narew, d'Ostrolenka jusqu'au nord de Bielsk ont des cours parallèles.

La Vistule, de Demblin (Ivangorod) à Varsovie a une largeur qui se tient dans 1.000 m., une profondeur qui dépasse $1^m 50$. Il n'y a point de gué.

Le Camp retranché de Demblin, construit par les Russes au confluent du Wieprz ne garde pas ce confluent, mais tout de même en protège, vers le sud, les approches.

La tête de pont de Varsovie est forte par les marais qui l'entourent. Elle s'étend sur un espace de 45 kilomètres de Serock à Karczew.

Modlin, situé à l'embouchure de la Wkra dans le Bug-

Narew et des confluents du Bug-Narew avec la Vistule, est une vieille ville qui de son site élevé sur la rive droite du Bug-Narew, domine toute la région.

La fourche du Bug-Narew et de la Vistule est fermée par une série de forts répartis sur deux lignes et qui formaient la grande place de Novo-Georgievsk qui a joué un rôle considérable pendant la guerre mondiale.

Malgré la destruction partielle du camp retranché, les forts intérieurs représentaient encore en 1920 une ligne de résistance sérieuse. D'après le Général Sikorski[1], il y avait beaucoup à faire lorsqu'il y arriva le 10 août pour mettre la place en bon état de défense.

« La forteresse n'avait pas été convenablement mise
« en état de défense et sa garnison était d'une valeur
« problématique. Les bataillons de sûreté, la garnison
« se composaient de volontaires dépourvus d'instruc-
« tion. L'artillerie était en grande partie composée de
« matériel fort intéressant pour des musées historiques,
« mais intolérable à la guerre ; extraordinairement dis-
« parate, sans chevaux, sans stock de munitions, sans
« appareils de pointage. Elle n'avait de valeur morale
« que pour ceux qui ignoraient le véritable état des
« choses ».

Les Bolchéviks étaient dans ce cas.

Les marais des confluents Wkra, Bug, Narew augmentaient la valeur défensive de cette région.

A son confluent le Bug-Narew a 300 mètres de large.

A l'ouest de Modlin, la Vistule se resserre jusqu'à 400 mètres sur certains points à Plock, à Wloclawek.

Nous avons dit plus haut que la Narew, le Bug et la Vistule avaient des cours moyens parallèles.

1. P. 82.

Le Bug, dont seul nous aurons à nous occuper, a dans son cours moyen 150 mètres de large, et 2^m, 50 de profondeur moyenne. Mais en tout, il existe dans ce secteur une vingtaine de gués au-dessous de 1 mètre. La vallée du Bug est large : 2 à 5 kilomètres et souvent marécageuse.

La Wkra coule dans une vallée en général sèche et large de plusieurs centaines de mètres, aux pentes douces entaillées à peine de quelques mètres.

Elle a un fond sablonneux, un courant lent, une profondeur moyenne de moins d'un mètre, une largeur atteignant 60 mètres vers l'aval, des bords plats. Elle est franchissable à peu près partout et il est facile d'y jeter des ponts. Elle n'était pas un obstacle sérieux pour la cavalerie et ne gênait guère que les mouvements de l'artillerie. Sa rive orientale était couverte de petits bois.

Routes — Les routes qui convergent vers Varsovie sont :

Augustowo-Lomza-Ostrolenka.
Grodno-Ossowiec.
Ostrów-Wyszkow-Radzymin.

Grodno-Bialystok- $\begin{cases} \text{Ostrów.} \\ \text{Bielsk.} \end{cases}$

Baranowicze-Bresc-Biala $\begin{cases} \text{Kock-Demblin.} \\ \text{Lublin.} \end{cases}$

Voies ferrées : — Trois grandes voies ferrées construites par les Russes avant la guerre mondiale pour les besoins de la mobilisation convergeant sur le secteur Varsovie-Demblin.

Wilno-Bialystok-Varsovie-Molodeczno-Wolkowysk

Siedlce-Minsk-Baranowicze-Brzest-Biala-Lukow
Demblin

Une voie transversale : Varsovie-Minsk-Mazowiecki
Seidlce-Lukow-Lublin, relie ces trois voies conver-
geantes.

En fait ces voies ferrées mises hors de service par les
Polonais, ne purent servir aux Bolchéviks.

Une voie ferrée de Dantzig à Bydgoszcz (Bromberg),
Torun (Thorn), Wloclawek Lowicz, Varsovie met en
relation la capitale de la Pologne avec la mer.

Une fois leur mise en place terminée, les armées polonaises[1] devaient se présenter de la manière suivante :

Front défensif. (Général Haller) :

Au nord de Modlin : 5e armée (Général Sikorski) ;

Tête depont de Varsovie : 1re armée (Général Latinik) ;

Secteur de Gora-Kalwarja à Demblin : 2e armée
(Général Raszewski) derrière la Vistule.

1. Voici le tableau sommaire des forces soviétiques et polonaises avant la bataille du 16-18 août 1920 (cf. Pilsudski *loc. cit.*,
notes, p. 265).

FORCES SOVIÉTIQUES		FORCES POLONAISES	
IVᵉ armée	28.000	Groupe de Wloclawek	12.000
XVᵉ —	26.000	5e armée	34.000
IIIᵉ —	20.000	1re —	38.000
XVIᵉ —	20.700	2e —	12.000
Groupe de Mozyrz	8.000	4e —	23.500
		3e —	25.000
Total	102.700		
XIIᵉ armée	22.500	Total	144.500
Vᵉ — de cavalerie	30.000	6e armée	22.000
XIVᵉ —	18.000	7e — Ukrainienne	24.000
Total général	173.200	Total général	190.500

Volkowysk
Bielystok
Narew
Malkin
Wkra
Vistule
Modlin
Bug
Praga
Minsk
Siedlce
VARSOVIE
Biela
Brest-Litowsk
Kancrew
Kolbiel
Osiech
Gora-Kalwarja
Garwolin
Lukow
Lodz
Zelechow
Kock
Parcew
Deurblin
Wlodawa
Pilica
Ostrow
Radom
Wieprz
Lublin
Cholm
Vistule
0 10 20 30 40 50   100 km.

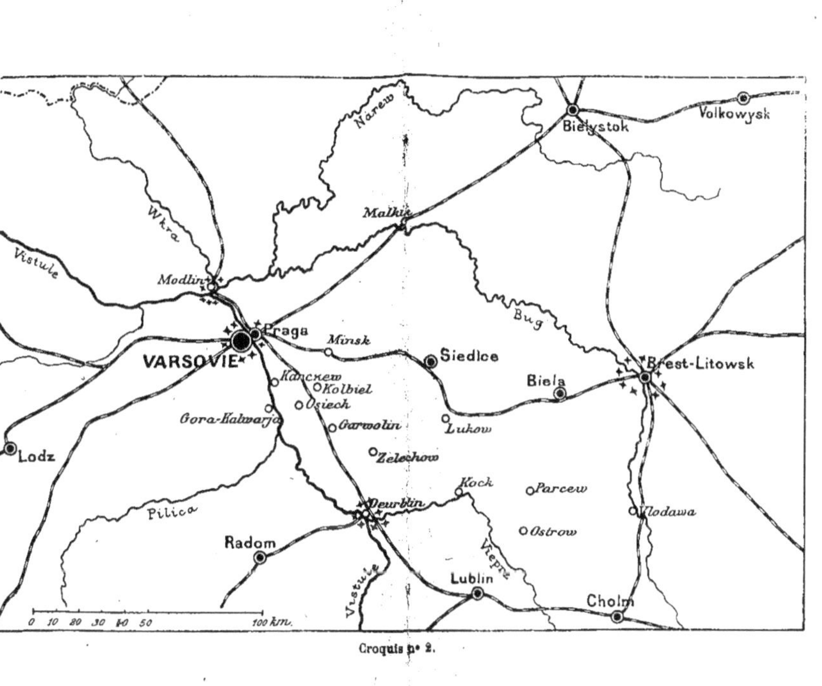

Croquis n° 2.

Armée de Manœuvre[1] (derrière le Wieprz : sous les ordres directs de Pilsudski).

4ᵉ armée (Général Skierski)

3ᵉ armée (Groupe d'attaque : Général Rydz-Smigly, le reste sous les ordres du Général Zielinski, corps d'observation vers l'est).

Front Sud (défensif) 6ᵉ armée (Général Iwaszkiewicz) Elle doit couvrir les derrières de la masse de manœuvre en fixant l'armée de cavalerie de Budienny et de la XIIᵉ armée soviétique. Si elle est forcée de se reporter en arrière, (en liaison avec le corps d'observation de la 3ᵉ armée) elle devra interdire à l'armée Budienny l'accès de Lwow et la région pétrolifère. De Lwow à Varsovie, il y a 350 kilomètres (Paris-Saverne).

La retraite des troupes doit commencer dans la nuit du 6 au 7. Elles devront, cette nuit-là, exécuter une très longue marche, en laissant seulement de faibles arrière-gardes de cavalerie ou d'infanterie, transportées sur charrettes avec des mitrailleuses. *Masse de Manœuvre.* Pilsudski quitte Varsovie dans la nuit du 12 au 13. Il n'emmène avec lui qu'un État-major réduit à

1. *Ordre de Bataille de l'Armée de manœuvre du 16 août.* (Cf. *Sikorski, loc. cit.*, p 313).

	BAÏONNETTES	SABRES	MITRAILLEUSES	CANONS
4ᵉ armée Général Skierski	23.700	950	461	98
3ᵉ armée { Général Rydz-Smigly (groupe d'attaque). .	17.000	3.451	293.	89
Général Zielinski (corps d'observation). . . .	13 600	2.060	239	83
Total.	56 300	6.461	993	270

5 officiers, dont le colonel Stachiewicz. Il installe son Q. G. à Pulawy, à côté du Q. G. de la 4ᵉ armée.

« Les unités viennent d'atteindre la région de concentration, — a écrit le Général Faury[1]. Toutes sont fatiguées ; les effectifs sont diminués par la dysenterie ; le dénûment est extrême. Le Maréchal voit toutes les troupes, parle aux officiers et aux soldats, remonte les courages ; il hâte l'incorporation de renforts, la mise en état du matériel, les ravitaillements en vivres et en munitions ».

« Pendant les trois journées dont il disposa, Pilsudski réussit à réveiller chez tous, depuis le Commandant de l'armée jusqu'au dernier soldat, la confiance et l'élan ».

Préparation morale de la manœuvre. — Cette préparation morale de la manœuvre fut poursuivie par le commandement à tous les échelons dans toutes les unités du front, sur toute la ligne, se fit l'union sacrée.

Les chefs de tous les partis vinrent sur le front pour enflammer les cœurs.

---

1. Le Général français Faury, alors lieutenant-colonel, était détaché à l'Etat-Major du Général Skierski, commandant la 4ᵉ armée.

CHAPITRE III

DEVANT L'ATTAQUE BOLCHÉVIQUE

Le 13 août, vers midi, furent interceptés à Varsovie des ordres adressés par T. S. F. aux armées russes combattant dans le secteur nord. De l'ordre du commandant de la XVIe armée, il résultait que le 14 août, au lever du jour, toute cette armée attaquerait la tête de pont de Varsovie avec mission d'atteindre le lendemain la ligne Jablonna, Okuniev, Kolbiel.

Cette nouvelle fit sur Varsovie (au G. Q G. et l'État-Major du front nord) l'effet d'un coup de tonnerre[1].

On imagina de suite que l'attaque se produirait de la façon suivante : IIIe et XVIe armées soviétiques droit sur la tête de pont, Ve armée soviétique marchant sur Nasielsk du nord au sud, pour attaquer le secteur Narew-Bug-Zegrze.

Les Bolchéviks vont trouver le front défensif organisé de la manière suivante :

Tête de pont de Varsovie. — Elle comprend deux lignes successives, renforcées par des tranchées précédées de réseaux de fil de fer; 43 batteries de position ont été installées. Le plan d'artillerie est établi suivant les méthodes modernes. Trois compagnies de chars de combat sont en situation d'intervenir. L'ensemble

1. Sikorski, *loc. cit.*, p. 130.

0 10 20 30 40 50 km
Mlava
Orxyc
Narew
Sierpc
Wkra
Ciechanov
Plonsh
Nasielsk
Pultusk
Bug
Vistule
Plock
Serock
Modlin Ft
Radxymin
Wyskogrod
Praga
VARSOVIE
Karcxew

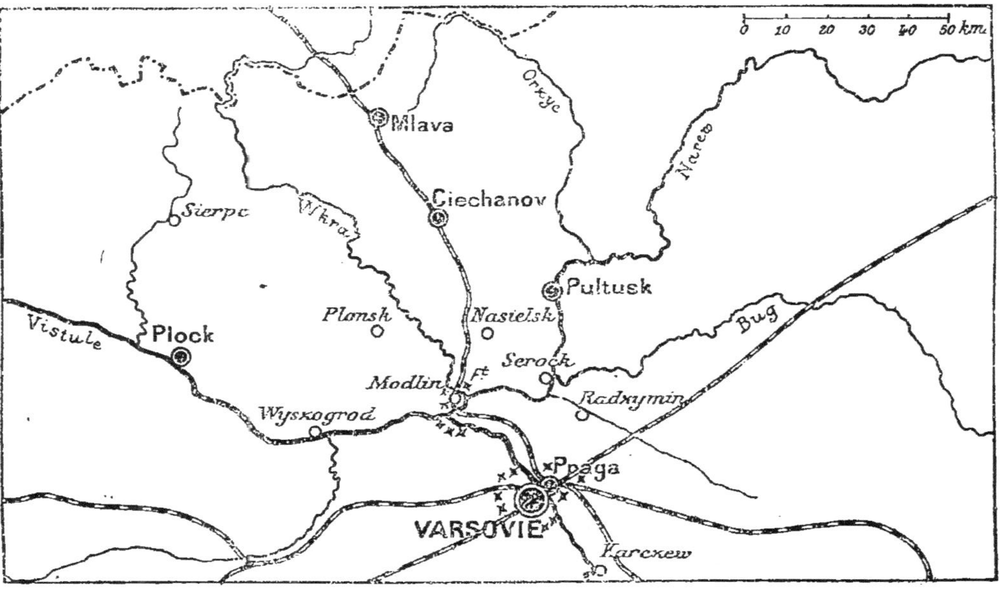

Croquis n° 3.

paraît d'autant plus solide que l'ennemi ne dispose que d'une artillerie peu nombreuse et mal approvisionnée.

C'est la 1re armée polonaise qui est chargée de la défense de la tête de pont. Elle comprend cinq D. I. : 8e, 10e 11e, 15e, 19e, et la 17e brigade de réserve.

Le 13, la 1re armée polonaise a en première ligne du sud au nord, la 7e brigade de réserve, la 11e D. I., moitié de la 8e D. I., la 15e D. I.

En réserve la 10e D. I., la 19e, la 8e.

5e Armée (Général Sikorski).

Cette armée avait la composition suivante :

18e, 9e, 17e D. I.;
Division de volontaires;
Groupe Dreszer, les 8e et 9e brigades de cavalerie;
Brigade d'infanterie sibérienne;
Groupe Osikowski, 211e, 212e, 214e lanciers; 9e et
    11e régiments de garde-frontières;
Brigade de cavalerie du Général Karnicki (ne put
    jouer aucun rôle en raison de son improvisation
    hâtive, le 17 août);
Garnison de Modlin;
Groupe Habicht.

La 5e armée, a comme mission première, d'empêcher l'avance bolchévique entre Modlin et la frontière prussienne; comme mission seconde, si les Rouges renoncent à tourner la tête de pont par l'ouest, de fournir une attaque débordante contre leur aile droite.

Pour remplir la première mission, la 5e armée devait, tout d'abord, défendre la ligne Narew-Orzyc.

Le 11 août, l'enlèvement de Pultusk par les Rouges, forçait à renoncer à l'occupation de cette ligne de défense.

Sikorski pensa alors à défendre la ligne de la Wkra, sur laquelle le Général Weygand avait appelé son attention.

La Wkra qui a au plus 60 mètres de large est franchissable à gué partout. Pourtant, aux yeux des Rouges « elle devait prendre figure d'une barrière à forcer ». Elle donnait un couvert pour la concentration de la 5e armée.

Le Général Weygand et le Général Sikorski ne voyaient pas, d'ailleurs, l'offensive bolchévique sous la même forme.

« Le Général Weygand prévoyait l'attaque de la
« XVe armée et d'une partie de IVe armée soviétique
« sur le front Modlin-Serock ; il admettait que la
« IIIe armée soviétique, franchirait le Bug très proba-
« blement à Wyszkow et coopérerait à l'attaque fron-
« tale de la XVIe armée soviétique sur Varsovie par
« l'est. Des fractions de la IVe armée et surtout du
« 3e Corps de Cavalerie pouvaient simultanément
« exécuter sur Ciechanow le débordement de notre
« aile gauche. Pour parer à ce danger et nous assurer
« la possibilité de préparer notre débouché du sud
« (plan Pilsudski) il fallait, suivant le Général Weygand,
« d'abord tenir d'une façon inébranlable le secteur
« nord de Varsovie entre Modlin et Serock et ensuite
« défendre avec succès la tête de pont est de Varsovie,
« de Góra Kalwarja au Bug ». (Sikorski, p. 96.)

« Il convenait, d'après le Général Weygand, de
« libérer la 5e armée de la responsabilité du Secteur
« Serock-Modlin qui entravait sa liberté de mouvement,
« de la réunir à l'abri de la Wkra, au nord-est de
« Modlin, sa droite appuyée à ce centre de résistance de

« façon à s'opposer au mouvement tournant éventuel
« de l'ennemi et se préparer à prendre vigoureuse-
« ment l'offensive en direction du Nord-Est au moment
« opportun. » (*L. c.* p. 97.)

D'après les renseignements recueillis sur son secteur,
Sikorski, lui, voyait dans les mouvements des Rouges,
la répétition de la marche de Paskiewitch en 1831.
Pour prendre d'assaut Varsovie par l'ouest, Paskiewitch avait, de Pultusk, gagné Ciechanów, Raciaz-
Sierpc, afin de passer la Vistule à Plock. Sikorski
s'attendait donc à voir défiler devant lui les Bolchéviks et proposait de revenir à l'idée émise par le colonel Piskor le 8 août d'attaquer du sud au nord le flanc
gauche des divisions rouges en marche sur Plock, —
« Attaquant par surprise, non seulement nous protége-
« rions l'aile gauche du front nord, mais nous inflige-
« rions un désastre au gros des troupes ennemies »
(p. 90.)

Quant au Général Haller, commandant du front nord,
son idée au sujet de l'emploi de la 5e armée, était de la
déployer en demi cercle autour de Modlin, de façon à
protéger à l'ouest la tête de pont de Varsovie.

Le 12 août, d'après de nouveaux renseignements,
les idées de Sikorski évoluent : il ne croit plus au
mouvement tournant de toutes les forces bolchéviques ; ce mouvement ne serait plus exécuté que par
la IVe armée soviétique et le 3° corps de cavalerie.

Il ne croit pas non plus que Toukhatchevski attaque
Modlin « une tentative de ce genre absorberait inoppor-
« tunément des forces considérables et retarderait la
« prise de Varsovie, si urgente pour le commandement
bolchévique » (p. 102.)

Dans ces conditions l'idée de Sikorski est de prendre position derrière la Wkra, la droite appuyée à Modlin. Ainsi placée, la 5e armée s'opposait de front au mouvement tournant sur Ciechanów et pouvait prendre en flanc les forces attaquant la tête de pont. Le Général Weygand et le Général Rozwadowski donnaient leur approbation.

Finalement la 5e armée fut concentrée de la façon suivante :

Au centre, la brigade sibérienne, à sa gauche le groupe Krasowski : 18e D. I. et cavalerie Karnicki. La droite était appuyée à Modlin où se rassemblaient les réserves de l'armée 17e et la 9e D. I., la division des volontaires et le Groupe Zarzycki.

Le puissant groupement de l'aile gauche devait lutter contre le mouvement débordant de la IVe armée soviétique. La cavalerie, réunie à l'aile gauche, devait éclairer cette gauche. Les réserves placées à Modlin paraient au danger d'une attaque directe sur Modlin des XVe et IIIe armées soviétiques.

Le 13 on s'attend à l'attaque de la tête de pont pour le 14.

Le Général Haller, craignant que la tête de pont ne puisse soutenir l'assaut, prescrit à la 5e armée de prononcer son offensive le 14 au point du jour, de façon à déconcerter l'attaque bolchévique, à attirer sur elle la IIIe armée soviétique et à fixer la XVe armée soviétique.

Le Général Sikorski fit observer que la concentration des divisions n'était pas terminée et qu'on n'avait ni les munitions ni les trains de combat nécessaires.

Basse-Vistule. — Le 12 août les travaux de défense furent activement entrepris sur la Basse-Vistule par ordre du ministre de la Guerre qui craignait de voir les communications de Varsovie coupées avec la mer. On renforça les têtes de pont de Wyszgorod, Plock et Wloclawek et on y envoya diverses unités de marche et de métier.

Le *Groupe Osikowski* fut créé pour la défense de la Basse-Vistule, Q. G. à Kutno.

L'Attaque bolchévique. — Le 14 les 21ᵉ et 27ᵉ divisions bolchéviques se portaient contre la tête de pont et attaquaient Radzymin à 23 kilomètres de Varsovie.

La 11ᵉ division polonaise en cordon sur 25 kilomètres est forcée, les Rouges arrivent à l'ouest de Radzymin, sur la 2ᵉ ligne de défense. Les patrouilles s'approchent à une quinzaine de kilomètres des ponts de Praga.

Pour reprendre les positions perdues, le Général Haller engage la 19ᵉ D. I., qui est en réserve du front. Elle reprend Radzymin, mais ne peut le garder. Le Général Haller dirige alors sur Radzymin la 10ᵉ D. I. de Jablonna où elle étayait la droite de la 5ᵉ armée. Son action ne pouvait se faire sentir immédiatement ; mais on pouvait espérer que l'offensive entreprise ce même jour par la 5ᵉ armée, vers midi, ferait sentir son action dans la soirée.

Quoi qu'il en soit, l'émoi de voir l'ennemi à 11 kilomètres de la capitale fut tel, que l'on insistât par téléphone près de Pilsudski pour qu'il déclenchât son offensive le 15 au lieu du 16. Cela pouvait avoir des conséquences fâcheuses pour l'opération, attendu que la masse de manœuvre n'avait pas terminé ses préparatifs ; Pilsudski refusa.

15. — Le 15 au matin la 19ᵉ D. I. avec l'appui de 47 chars de combat, reprend Radzymin.

Dans la journée, les Rouges contre-attaquent à leur tour, mais ne peuvent reprendre qu'une partie du village. La lutte se stabilise. Plus à l'Ouest la 10° D. I., venue de Jablonna, comme nous l'avons vu plus haut, s'engage par unités successives. Partout les positions sont maintenues.

16. — Le 16 journée calme. Les unités bolchéviques paraissent épuisées. A Varsovie, on sait que la manœuvre est déclenchée ; sa répercussion ne peut tarder à se faire sentir sur les troupes qui attaquent la tête de pont. Vraisemblablement elles se mettront en retraite. On s'apprête à les poursuivre.

5° *Armée*. — Des renseignements detaillés, le Général Sikorski se fait le tableau suivant des agissements bolchéviques : deux groupements.

1er groupement : XV° armée soviétique avec, derrière son aile droite, les divisions de la III° armée soviétique se dirige du nord sur Modlin.

2° groupement : IV° armée soviétique et 3° corps de cavalerie se déplace d'est en ouest[1].

Dès le 13, il paraît exister une séparation sensible entre les deux groupements. L'idée du Général Sikorski est de profiter de sa position centrale entre les deux groupements pour les écraser successivement. Il attaquera d'abord le 1er groupement avec toutes ses divisions y compris le groupe Krajowski. Ce groupement

---

1. Dans son ouvrage le Général Sikorski évalue l'effectif des forces soviétiques que la 5° armée avait devant elle à 68.000 d'Infanterie, 6.700 cavaliers, 1.400 mitrailleuses, 327 canons.

Quant à l'effectif de la 5° armée dans la phase principale de l'action, il aurait été de 20.000 d'Infanterie, 4.000 cavaliers, 452 mitrailleuses, 103 canons de campagne, 31 canons lourds, 46 chars de combat et 2 trains blindés. (Cf. *loc. cit.*, p. 148).

écrasé, il se portera contre l'autre, qui mettra bien trois ou quatre jours pour rassembler ses forces.

14. — Le 14, Sikorski prononce deux attaques : l'une sur Ciechanòw avec la 18e D. I. et la cavalerie, l'autre sur Nasielsk avec la brigade sibérienne, les volontaires et la 9e D. I. ; la 17e D. I. reste en réserve. Ce même jour la XVe armée bolchévique se portait aussi en avant sur la Wkra. Les Polonais ont l'avantage au nord, les Rouges au sud, où ils passent la Wkra.

15. — Le 15, Sikorski reprend le combat. A l'aile droite la 17e division polonaise débouche des forts de Modlin sur Nasielk et prend par derrière les unités rouges qui ont passé la Wkra.

A l'aile gauche, la cavalerie atteint Ciechanow, la 18e D. I. atteint la voie ferrée.

16. — Le 16, Nasielsk est enlevé aux Rouges. Au nord la IVe armée bolchevique prend en flanc et à revers la 18e D. I. et la cavalerie. Mais à ce moment Sikorski reçoit un appoint important en cavalerie et en plus la 4e D. I. de la 2e armée dissoute. Il étaie avec ces forces son aile gauche contre la IVe armée soviétique. Au sud il pousse l'exploitation du succès contre la XVe armée soviétique.

Toutes ces opérations ont été conduites par le général Sikorski avec sagacité, ordre et méthode[1].

---

1. Cette étude ne comporte pas l'analyse détaillée de ces opérations de la 5e armée polonaise qui ne furent en fait qu'un hors-d'œuvre dans la manœuvre de Pilsudski, hors-d'œuvre utile certes, puisqu'il retarda la retraite de la IVe armée soviétique. Mais en réalité le rôle de la 5e armée aurait pu se borner à la défense de Modlin et une partie de ses forces aurait dû être attribuée à la masse de manœuvre dont l'effectif était singulièrement insuffisant. On peut lire ces opérations dans l'ou-

17. — Le 17, avertie sans doute de l'offensive de la droite polonaise, la IV° armée soviétique se met en retraite. La brigade sibérienne et la 17° D. I. attaquent à Pultusk et à Serock et font leurs jonctions avec l'aile gauche de la 1re armée.

2° *Armée polonaise.* — Couverte par la Vistule, la 2° armée polonaise n'a eu à jouer qu'un rôle effacé; deux divisions bolchéviques essayèrent de forcer le passage de la Vistule à Karczew et à Kalwaria, mais c'étaient là des opérations exécutées sans conviction.

15. — Dès le 15, la 4° D. I., est retirée par brigades successives pour aller renforcer la 5° armée polonaise.

16. — Le 16, la 2° D. I. est envoyée à Demblin en réserve générale de front.

Corps d'observation du Sud (6° armée, Général Iwaszkiewicz).

L'armée de cavalerie, soutenue par deux divisions d'infanterie, marcha sur Lwow pour s'emparer de Lwow et des puits de pétrole.

vrage du Général Sikorski. Donnons ici toutefois le raid de la 8° brigade de cavalerie.

Raid de la 8° brigade de cavalerie. — A l'extrême gauche, la 8° brigade de cavalerie, sous le commandement du Général Karnicki, avec lequel marchait le colonel français Loir, exécuta avec résolution et habilité l'ordre de prendre Ciechanów. En combattant constamment, elle pénétra dans les arrières de la IV° armée soviétique. Elle détruisit en chemin les organes des étapes, des trains, parcs et canons, semant partout la confusion. A 11 heures, elle prit Ciechanów d'où s'enfuit le commandant de la IV° armée soviétique avec son état-major, elle en saisit les archives et fit plusieurs centaines de prisonniers. Elle incendia la station radiotélégraphique, seul moyen de liaison entre la IV° armée soviétique et le commandant en chef.

Ce raid provoqua une grande inquiétude à la XV° armée soviétique qui envoya la 33° D.-I. communiste pour reprendre) Ciechanów. La 8° brigade l'évacua dans la nuit, (*loc. cit.*, p. 174.

La 6ᵉ armée dès le 14 dut battre en retraite; le 19, après une résistance sérieuse de la 6ᵉ armée, Budienny n'était plus qu'à une journée de marche de Lwow. Mais là il se heurta à une forte résistance des volontaires de Lwow.

Renonçant alors à prendre Lwow, il put, mais six jours après en avoir reçu l'ordre, prendre la direction de Lublin pour aller au secours de Tukhatchevski.

Plus au nord la XIIᵉ armée soviétique, au lieu de surveiller ce qui se passait sur son front, organisait un raid lointain, on ne sait pas dans quel but, sur les passages du San.

CHAPITRE IV

LA MANŒUVRE DE PILSUDSKI[1]

LE MIRACLE POLONAIS

16. — Le 16 au matin, comme il l'a fixée, Pilsudski déclenche sa manœuvre. Ces hommes qui trois jours auparavant, harrassés de fatigue, abattus, s'étaient mis à couvert derrière le Wieprz, repassaient aujourd'hui ce cours d'eau pleins de confiance et d'ardeur. Dans cette masse Pilsudski avait fait passer de son âme.

Le 15, par un soleil splendide, les troupes de la 4e armée ont pris part aux fêtes de la Vierge : rangées derrière ses bannières, elles ont demandé à Dieu un miracle. Elles ont l'intuition que Dieu va se servir de Pilsudski pour le leur donner.

La 4e armée tient la gauche : à sa droite, à une demi étape, marchera la 3e armée dont la réunion a subi du retard.

La 4e armée sous le Général Skierski débouche du Wieprz en 3 colonnes :

1. Quelques auteurs distinguent deux phases dans la manœuvre : 1re phase, 16 et 17 août, offensive ; 2e phase, 18 et jours suivants, poursuite. Cette division est incorrecte ; si on peut à la rigueur parler de *poursuite* pour les troupes des 1re et 5e armées, c'est mal comprendre la manœuvre que d'appliquer cette qualification aux actions des 1re et 3e armées ; elles exécutent simplement la manœuvre.

14ᵉ D. I. sur Demblin-Garwolin, Minsk-Mazowiecki ;

16ᵉ D. I. sur Zelechow, Kaluszyn ;

21ᵉ D. I. sur Kock-Siedlce.

Derrière la gauche, comme réserves, marchent la 12ᵉ brigade et le 32ᵉ régiment.

L'ordre est d'atteindre le soir même Garwolin et la Bystrzyca, et le 17 au soir, la grande route Minsk-Siedlce.

Les têtes des trois divisions, sur l'ordre de Pilsudski, doivent marcher de front, chacune droit à son objectif.

La surprise du groupe de Mozyrz est complète. La 57ᵉ D. S. de ce groupe est surprise en une longue colonne parallèle au Wieprz, la tête en train de préparer un passage sur la Vistule en aval de Demblin. Elle est coupée, disloquée, ses débris fuient en tous sens. Le soir tous les objectifs sont atteints, et même dépassés.

3ᵉ Armée. — La 3ᵉ armée, s'était concentrée vers Ostrow, dans des conditions particulièrement laborieuses ; une partie de ses unités arrivaient en chemin de fer par des voies encombrées ; d'autres accouraient du front sud en se frayant un passage à travers les Bolchéviques ; elles ne purent être réunies que la veille de l'attaque dans la soirée. A part la cavalerie aucune troupe n'avait eu le temps ni de se reposer ni de se compléter.

Elle forme deux groupes : l'un, dit de choc, commandé par le général Rydz-Smigly (1ᵉ D. I., 3ᵉ D. I. et 4ᵉ Brigade de cavalerie) doit joindre son action à la 4ᵉ armée, l'autre dit de flanquement, commandée par le général Zielinski, formera le corps d'observation vers l'Est.

La 1ʳᵉ D. I. marche sur Biala. Elle atteint Parczew.

La 3ᵉ D. I. marche sur Bresc par Wlodawa où elle

culbute la 58° D. S., 2° D. I. du groupe de Mozyrz, qui
venait de franchir le Bug. Ainsi, dès le premier jour de
la manœuvre, le groupe de Mozyrz n'existe plus.

17. — *4° Armée*. Elle précipite sa mache. Soit à la
fin de l'après-midi, soit dans la nuit, les unités de tête
atteignent la grande route de Varsovie à Brzesc : la
14° D. I. à Minsk-Mazowiecki ; la 16° à Kaluszyn, la
21° à Siedlce. A Kolbiel, à la fin de l'après-midi, la
14° D. I. a fait sa jonction avec la 15° D. I. de la
1° armée, venant de la tête de pont de Varsovie.

La 14° D. I. heurte à Kolbiel l'aile gauche de la
XVI° armée soviétique (8° et 10° D. I.) qui sentant se
fermer sur elle la tenaille formée par les attaques de la
14° et de la 15° D. I., cherchait à fuir vers l'est. Mais la
plus grande partie de ces deux divisions ne pourra
se dégager de l'étau.

Le 18, la 4° armée ramasse dans la région de Kolbiel
10.000 hommes et 40 canons.

3° Armée. — La 1° D. I. atteint Biala; la 3° D. I.
de Wlodawa marche sur Brzesc. Elles ne trouvent devant elles aucun ennemi.

Fait extrêmement remarquable : en deux jours les
3° et 4° armées ont parcouru plus de 80 kilomètres. Le
front balayé par elles de Minsk et Brzesc mesure
150 kilomètres.

Sous la nouvelle de cette attaque dans la soirée du 17,
les III° et XVI° armées soviétiques abandonnent leur
attaques devant Varsovie et font une retraite précipitée.

18. — « Le 18 août au matin — a écrit Pilsudski
« (p. 153 et s.), — quand je me levais, les canons ne
« tonnaient plus : calme complet. Je décidai de partir
« aussitôt pour vérifier la situation. Je n'oublierai jamais

« l'impression étrange que je ressentis d'être arrivé à
« Kolbiel sans rencontrer d'obstacles, de me trouver au
« manoir sur la route que les derrières de la 14ᵉ D. I.
« parcouraient et d'apprendre que cette division avait
« livré un combat de nuit et était en marche forcée
« sur Minsk pour se conformer à mon ordre lui pres-
« crivant d'atteindre à l'aube du troisième jour la
« route de Brzesc. Où était donc la XVIᵉ armée sovié-
« tique ? En arrivant à Minsk, la preuve de son exis-
« tence me fut donnée par les canons abandonnés,
« sans attelages et sans servants, dans les champs, par
« un grand nombre de cadavres d'hommes et de che-
« vaux gisant sur les bords de la route, enfin par la
« population me racontant avec enthousiasme, en
« arrêtant mon auto après m'avoir reconnu que les
« Bolchéviks s'enfuyaient en désordre de tous côtés,
« pris de panique. »

« Beaucoup des narrateurs considéraient mon voyage
« comme peu sûr, car les environs fourmillaient de
« *Cosaques rouges* dispersés et égaillés. »

« A Minsk, je trouvai la 14ᵉ D. I. concentrée ainsi
« que le 15ᵉ régiment de uhlans. »

« Tous les renseignements que je recueillis sur le
« combat qui venait de se dérouler, étaient d'accord
« sur un point, c'est que la 14ᵉ D. I. avait eu affaire
« aux divisions soviétiques les plus au sud de la
« XVIᵉ armée (8ᵉ et 10ᵈ) ».

« Notre 14ᵉ D. I. dont les pertes étaient relativement
« peu importantes (elles ne dépassaient pas 200 hommes)
« avait brisé leur résistance et avait constaté qu'elles se
« repliaient en proie à la panique. »

« J'appris aussi, que conformément à mon ordre
« précédent, une partie de la garnison de Varsovie, à

« savoir la 15ᵉ D. I. avait attaqué le long de la route
« de Varsovie-Minsk et qu'elle se trouvait actuellement
« tout près de Dobry-Wielkie. J'y trouvai, en effet la
« 15ᵉ D. I. réunie dans le dispositif de combat le plus
« drôle qui soit au monde. Des deux côtés de la route
« étaient installées des batteries, les unes tournées vers
« le nord, les autres vers le sud. »

« Le commandant de la division m'expliqua que
« c'était indispensable, car l'ennemi qui se retirait en
« toute hâte des abords de Varsovie, était partout,
« aussi bien au nord qu'au sud. »

« J'annonçai à la 15ᵉ D. I. son adjonction à notre
« 4ᵉ armée et je lui prescrivis de se préparer à mar-
« cher vers le nord pour forcer le Bug derrière lequel
« je m'attendais à rencontrer de la résistance. »

« Il était évident pour moi que l'attaque menée à
« une aussi vive allure avait déjà produit ses effets
« devant Varsovie. Je conclus de tous ces renseigne-
« ments que si je ne rencontrais pas de résistance de la
« part du Groupe de Mozyrz, la résistance que pouvait
« m'opposer la XVIᵉ armée soviétique était à propre-
« ment parler terminée. Trois de ses divisions, la 8ᵉ,
« 10ᵉ et 17ᵉ, apres un court et peu sanglant combat,
« étaient presque en déroute je ne pensais pas que les
« autres divisions de cette armée, 2ᵉ et 27ᵉ pouvaient
« s'opposer aux efforts concentriques de nos deux divi-
« sions 14ᵉ et 15ᵉ D.-I. venant du sud et des divisions
« de la garnison de Varsovie amenées de l'ouest pour
« boucher le trou de Radzymin. En présence de cette
« situation, je ne pouvais rencontrer quelque résistance
« que sur le Bug, où nécessairement l'ennemi devait
« diriger les forces de la IIIᵉ armée qui combattaient
« devant Zegrze, et plus à l'ouest derrière la Narew. »

« Car, dans le cas contraire, la IIIe armée se trouve-
« rait dans une situation extraordinairement délicate,
« avec toutes ses routes de retraite doublement barrées
« et par l'ennemi et par la Narew. J'en conclus que la
« plus grande partie des forces soviétiques devait né-
« cessairement se replier de Varsovie vers l'est et que,
« par suite, il nous fallait réaliser le plus vite possible
« une étroite coordination des opérations de toutes les
« troupes réunies aux abords de Varsovie, dans le but,
« après avoir battu une des armées soviétiques (la IIIe)
« de battre et d'anéantir le reste des forces ennemies,
« grâce à une poursuite énergique et une poussée
« convergente de toutes les directions. »

« Dans ce but, je décidai de me rendre immédiate-
« ment à Varsovie pour organiser et ordonner à la fois
« la poursuite et l'attaque générale ». (p. 155.)

CHAPITRE V

PILSUDSKI VA A VARSOVIE
L'ORDRE DU 18 AOUT APRÈS-MIDI

Pour suivre le schéma de la manœuvre sur les derrières, Pilsudski aurait dû, à ce moment, mettre tous ses efforts à pousser le plus rapidement possible la masse de manœuvre vers le Bug, pour y devancer les Rouges, notamment à Malkin où passait leur principale ligne de retraite, et organiser cette rivière en barrière stratégique. Or, le 18, Pilsudski court en automobile à Varsovie.

Étant donné l'état des choses on ne peut pas l'en blâmer. A Varsovie était le gros des forces polonaises et dans l'état d'esprit où il savait « ceux de Varsovie » il devait craindre qu'ils ne retiennent là trop de forces au lieu de les lancer à la poursuite des Rouges.

Voyons ce qui s'était passé devant Varsovie.

Nous avons vu que le 16, les unités bolchéviques étant fatiguées, avait été une journée calme devant Varsovie.

D'après le plan général de la manœuvre, le 17 les troupes de la tête de pont devaient se porter à l'attaque.

17. — La 1re armée polonaise doit briser le front ennemi et, par sa droite, faire jonctions avec la 4e armée.

La 15e D. I. déboucha à 8 heures du matin, précédée de chars de combat.

Dans ses premiers rangs marchent toutes les notabilités militaires et politiques : le Général Haller, les missions alliées...

L'ennemi ne tient pas. Vers 18 heures, la 15ᵉ D. I. enlève Minsk-Mazowiecki sans résistance ; les troupes traversent la ville et à la gare rencontrent la 14ᵉ D. I. de la 4ᵉ armée polonaise.

Malgré ce succès, à Varsovie, lorsque le 18 y arrive Pilsudski les esprits sont loin d'être rassurés.

« A Varsovie, écrit-il (p. 155) je trouvai les disposi« tions d'esprit un peu différentes de celles que j'espé« rais. Si j'y constatai de la joie et un certain senti« ment de soulagement dû au fait que Varsovie était
« moins immédiatement pressée par l'ennemi, il y sub« sistait encore une grande inquiétude en raison de
« nombreuses attaques dirigées sur les villes de la
« Vistule inférieure comme Plock Wloclawek, et de la
« progression toujours plus accentuée des forces sovié« tiques vers ce qu'on appelle le corridor de Danzig.
« En outre, tous ceux à qui je parlais ne trouvaient pas
« notre situation stratégique aussi favorable et aussi
« radicalement changée que je le croyais. Alors que
« j'étais déjà délivré de la suggestion de nos revers
« si récents d'un mois entier et que je ne voyais pas
» pour l'ennemi d'autre alternative, pour échapper au
« désastre qui le menaçait, que de défendre le Bug sur
« lequel se dirigeaient les divisions de la 4ᵉ armée et
« les troupes du général Rydz-Smigly, à Varsovie au
« contraire, je constatais nettement la persistance des
« effets de la dépression morale résultant des succès
« antérieurs de M. Toukhatchevski. »

« ... On était d'avis que plus la 5ᵉ armée et la frac-

« tion de la 1re qui attaquait par la rive ouest de la
« Narew accentueraient leur progression vers le nord
« et plus le flanc gauche serait menacé. »

« Alors que personnellement je n'y voyais pas de
« danger et que j'étais persuadé que d'une façon ou de
» l'autre, l'ennemi serait obligé de battre en retraite, à
« Varsovie on n'était pas de cet avis et on n'avait
« aucune assurance à ce sujet. »

« La crainte et l'angoisse pour la sûreté de la capi-
« tale y étaient si fortes et les progrès subséquents de
« l'ennemi vers l'ouest étaient si impressionnants
« qu'on n'obéissait qu'avec peine à mon impulsion ».

C'est dans cet état de choses que Pilsudski donna son
ordre du 18 août (p. 156).

Avant de le lire, il faut remarquer que le 18, il y eut
un remaniement dans les armées polonaises.

Sur la demande du Général Sikorski, le 16 le Général Haller, nous l'avons vu, avait obtenu du Maréchal
Pilsudski que la 4e D. I. de la 2e armée (l'armée dont le
rôle de garde, derrière la Vistule était terminé puisque
la masse de manœuvre l'avait dépassée) irait en renfort
à la 5e armée.

L'autre division de la 2e armée fut envoyée en
réserve générale à Demblin d'où elle pouvait, si besoin,
agir au sud.

Il n'y avait donc plus de 2e armée. On donna cette
dénomination au groupe de choc renforcé de la 3e armée. Cette 2e armée était commandée par le Général
Rydz-Smigly.

La 3e armée fut réduite à son ancien groupe de flanquement.

ORDRE DU 18 AOUT

3ᵉ Armée. — *Couvrir la région de Lublin et la région de Chelm et occuper le Bug. Envoyer des reconnaissances au delà et appuyer en même temps l'aile gauche du front sud en opérant par le nord contre les fractions de la XIIᵉ armée soviétique sans s'inquiéter de la limite sud de son secteur.*

2ᵉ Armée. — *Poursuite énergique dans la direction du nord pour s'emparer de Bialystok et attaque par l'est des colonnes ennemies en retraite ; se couvrir en même temps vers l'est par l'occupation de Brzesc-Litewski (3ᵉ division de Légion. La 19ᵉ D. I. et le 41° R. I. dirigés sur la 2ᵉ armée sont affectés à des opérations dans la région d'Augustów-Wolkowysk).*

4ᵉ Armée. — *Poursuite intensive, direction nord, pour forcer rapidement le Bug dans le secteur de Brok (inclus), Granne (exclus), occupation de Wysokie-Mazowieckie (sur la ligne Malkin-Bialystok). Acculer l'ennemi à la frontière allemande, en avançant l'aile droite pour encercler l'ennemi.*

1ʳᵉ Armée. — *Poursuite de front, par conséquent dans la direction nord-est ; axe de la poursuite Varsovie-Wyszkow, Ostrów, Lomza. Diriger la cavalerie à l'aile gauche pour boucher le vide entre l'infanterie de l'armée et la frontière.*

5ᵉ Armée. — *Liquider complètement le 3ᵉ corps de cavalerie de la IVᵉ armée et les fractions de la XVᵉ ar-*

mée soviétique qui, par suite du mouvement de notre 5ᵉ armée vers le nord sur *Przasnysz* et *Mlawa* seront coupées de leur ligne de retraite.

« *Dans ma lettre au Chef d'Etat-Major écrit Pilsudski (p. 157), au paragraphe 2, mes intentions sont déjà complètement concrétisées. Je considérais l'ennemi comme battu et je résumais en conséquence mon ordre de la manière suivante :*

« *La 5ᶜ armée assumera la poursuite ; la 4ᶜ armée poussera dans la direction du nord et resserrera de plus en plus les routes de retraite.*

« *La 2ᵉ armée fera un bond pour couper les routes de l'est.*

« *Si je ne parle pas de la 1ʳᵉ armée, c'est que je suppose qu'il n'y a pas de place pour elle et qu'elle doit être fractionnée entre les 2ᶜ et 3ᵉ armées. Cette dernière devra vraisemblablement se charger de couvrir le Bug et Lublin, mais aussi d'attaquer en direction du sud pour dégager la Galicie.* »

« *Je voulais donc, dès le 20, en finir avec le non-sens stratégique qui avait été ma base de départ pour la bataille de Varsovie...* »

La 1ʳᵉ armée malheureusement n'était pas disponible comme le supposait Pilsudski. Le Général Haller l'avait pour ainsi dire mise à la disposition du Général Sikorski pour les opérations que celui-ci menait contre la XVᶜ armée soviétique, la IVᵉ armée soviétique et le 3ᶜ corps de cavalerie Gay-Khan, opérations dont il nous faut dire un mot.

18. — Le 18, le Général Sikorski voyait pour son armée la tâche suivante : détruire les fractions de la XVᶜ armée soviétique restées à l'ouest de l'Orzyc afin

d'avoir toute liberté d'action contre la IVe armée soviétique (p. 237).

Pour y satisfaire, il divisa son armée en trois groupements :

Le 1er eut pour mission de prendre Makow et de tenir le front de Szelkow sur l'Orzyc.

Le 2e de prendre le plus tôt possible Ciechanów et Mlawa et de reconnaître exactement la situation de la IVe armée soviétique.

Le 3e formait réserve d'armée.

Mais le 19 le Général Haller donna ordre de mettre à sa disposition un groupe formé de la 17e D. I. de la brigade sibérienne et de la 7e brigade de réserve qui prendrait le nom de 1re armée et qui sous le commandement du général Osinski poursuivrait les troupes soviétiques entre la Narew et la frontière allemande.

En échange, la 5e armée recevrait la 10e D. I.

La XVe armée soviétique se défendit avec acharnement à Ciechanów pour faciliter la retraite à la IVe armée soviétique. Tout de même Ciechanów fut enlevé le 19 et Mlawa le 20.

On n'avait toujours pas de nouvelles de la IVe armée soviétique.

L'aviation ne donnait rien en raison des pluies et des brouillards.

La division de cavalerie du colonel Dreszer avait ses hommes et ses chevaux épuisés.

Mais on allait rencontrer le 3e corps de cavalerie soviétique de Gay-Khan. Gay-Khan sut éviter Ciechanów, près Mlawa le 19.

Le 21 il arriva à Konopki. Le 22 il vint donner dans la division de cavalerie du colonel Dreszer, et malgré la 18ᵉ D. I. réussit à s'échapper vers l'est, ou d'ailleurs il allait se heurter le 24 à Kolno à la partie de la 4ᵃ armée polonaise qui a été rattachée au groupe de choc.

Disons de suite que Gay-Khan après un combat de toute une journée franchit le 25 la frontière allemande.

On voit mal, dans l'ouvrage du Général Sikorski les actions de la 5ᵉ armée polonaise contre la IVᵉ armée soviétique.

Ceci dit, revenons au 19 vers Pilsudski.

Le 19, assez tard dans la nuit, Pilsudski avait complété son ordre du 18.

« Je complétai cet ordre (p. 156) par une lettre écrite
« à Siedlce le lendemain, 19, assez tard dans la nuit
« quand je sus que sur le Bug, ni la 4ᵉ armée, ni les
« troupes du Général Rydz-Smigly ne rencontreraient
« pas grande résistance. »

« C'est aussi ce motif qui me fit considérer comme
« parfaitement possible une réduction des effectifs
« consacrés à la poursuite directe. Je pensai pouvoir
« transporter un grand nombre des troupes réunies
« dans les environs de Varsovie, en partie vers le sud,
« en partie franchement vers l'est, pour former un
« nouveau front naturel orienté, non plus au nord,
« comme jusqu'ici, mais à l'est...

« Au paragraphe 3, je donnai les instructions néces-
« saires pour retirer à la 5ᵃ armée et à la 1ʳᵉ armée
« aussi vite que possible le 41ᵉ régiment de Suwalki et
« la 19ᵉ D. I. précédemment appelée la 1ʳᵉ Lithuano-
« Blanc-Ruthène. C'était conforme à mon projet déjà
« conçu à ce moment, d'envoyer le 41ᵉ régiment d'in-
« fanterie formé de volontaires de Suwalki, dans son

« pays natal pour le délivrer de l'invasion soviéto-
« lithuanienne. »

Et il ajoute ironiquement : « Je dois reconnaître que
« la XVe armée soviétique dut avoir le 18 et le 19 août
« (à l'ouest de la Narew) une attitude héroïque pour
« avoir ainsi provoqué, du côté polonais, une concen-
« tration de troupes dans une direction aussi inutile
« pour l'ensemble des opérations, que celle de l'ouest,
« en détournant de sa mission de poursuite toute notre
« 1re armée. Cette direction était d'autant plus inutile
« dans la journée du 20 août, que la XVe armée sovié-
« tique le 19 s'était décidée à rompre par Ostrolenka
« justement dans la direction de Lomza, qui par suite
« d'un ordre fatal, et je le répète, entièrement con-
« traire à mon ordre, échappa à toute pression de notre
« part. »

«.... Le 19 au soir, quand la XVe armée soviétique se
« repliait précipitamment vers l'est, notre 1re armée
« entreprenait sa manœuvre comique du franchissement
« difficile de la Narew, dans une direction exactement
« opposée, c'est-à-dire vers l'ouest. »

« Cet ordre étrange et absurde qui ne contribua pas
« peu à atténuer le désastre de l'armée soviétique
« devant Varsovie, provoqua chez moi une forte oppo-
« sition, mais hélas ! de trop faibles corrections. Par un
« ordre spécial, envoyé à la 8e D. I. qui se trouvait déjà
« aux environs d'Ostrow, je lui défendis de se confor-
« mer à l'ordre de son commandant d'armée et je l'af-
« fectai à la 4e armée en lui prescrivant de suivre désor-
« mais, le sort de cette armée et non celui de la 1re. Je
« remis la 4e armée dans la direction abandonnée de
« Lomza. Je retardais ainsi en fin de compte la pression
« que nous allions exercer sur la IIIe armée soviétique

« en retraite qui... fut celle qui se tira le mieux du
« désastre... J'exposais également ainsi l'armée du
« Général Rydz-Smigly, et en particulier sa division
« d'aile droite, la 1re de Légion, qui avançait rapidement
« sans arrêt, à être complètement isolée et à opérer
« sans un appui quelconque des armées voisines. »

Et Pilsudski conclut mélancoliquement (p. 165)

« J'ai souvent réfléchi à ces événements depuis la
« guerre et j'ai essayé d'analyser mes propres actes et
« ceux des autres pendant la bataille de Varsovie. Il m'a
« toujours semblé, en effet, que je n'avais pas su pro-
« fiter suffisamment de la situation résultant de l'attaque
« des 5 divisions débouchant du Wieprz. »
« Mon ordre du 18 août, je l'ai déjà dit, ne fut pas
« exécuté en totalité par toutes nos troupes. L'ordre
« dirigeait franchement toutes les armées vers le nord-
« est, à l'exception de la 5e qui était le plus à l'ouest.
« La 4e armée devait donc marcher dans la direction
« générale de Wysokie-Mazowieckie afin de se rappro-
« cher de la 2e armée par trop isolée du général Rydz-
« Smigly qui se dirigeait vers Bialystok. »
« La 2e armée avait en effet une double mission : elle
« nous couvrait vers l'est et cette mission devait absor-
« ber une grande partie de ses forces, et en même temps
« elle essayait de bondir sur la route de retraite de l'en-
« nemi qui se repliait vers l'est sur la ligne Bielsk-Bia-
« lystok. Elle avait détaché des forces peu importantes
« dans ce but. C'était la suite naturelle du non-sens
« fondamental qui avait présidé au dispositif stratégique
« en vue de la bataille devant Varsovie. »
« Par contre, la 1re armée délivrée par le succès de

« ma contre-attaque débouchant du Wieprz, de toute
« pression ennemie, reçut par l'ordre du 18 août comme
« objectif de ses opérations ultérieures la ligne Lomza-
« Ostrolenka. Ce mouvement ne fut pourtant pas exé-
« cuté par la 1re armée, ni le 19, ni le 20. Déjà l'ordre
« d'opérations de notre 1re armée pour le 19 avait pour
« ainsi dire disposé de ses opérations. Pour se con-
« former à mon ordre du 18, les 8e, 10e divisions et la
« 7e brigade de réserve entamèrent la poursuite vers le
« Bug et suivirent la direction prescrite sur Lomza et
« Ostrolenka ; mais le reste de la 1re armée fut englobé
« en réalité dans les opérations de la 5e armée. Il arriva
« donc que, tandis que l'ennemi se rassemblait pour se
« préparer à la retraite ou même qu'il se repliait pré-
« cipitamment, notre 1re armée se conformant à l'ordre
« de son chef, cherchait à se renforcer constamment à
« l'ouest de la Narew et non à l'est. »

« Dès le 20, cette orientation, à l'ouest, de l'idée de
« manœuvre du commandement, s'imposera d'une
« façon si éclatante et si nette à la 1re armée, que cette
« armée tout entière, sans en excepter les divisions qui
« opéraient à l'est de la Narew, recevra l'ordre de fran-
« chir la rivière de nouveau et de se diriger vers l'ouest.
« Cet ordre, qui était en contradiction flagrante avec
« mon ordre du 18 août, fut provoqué par l'hypothèse
« que l'ennemi concentrait deux armées, la IVe et la
« XVe au nord de Ciechanow, autour de Mlawa. »

...« Mon analyse m'a conduit à supposer que je
« n'avais pas fait tout ce qu'il aurait fallu pour trans-
« former le désastre des armées soviétiques devant
« Varsovie, en un désastre définitif, dont l'État en
« lutte avec nous n'aurait pas réussi à se relever ».

« La première lacune qui m'a toujours frappé est de

« n'avoir pas suffisamment utilisé la journée du 18 août
« que je passai à Varsovie. Cette journée-là fut presque
« perdue pour notre 4ᵉ armée, en particulier pour sa
« mission de poursuite ultérieure. Soustraite à mon
« impulsion directe, cette armée contribua très peu à
« élucider la situation. Et elle aurait pu, à mon avis, si
« j'avais continué à la pousser, atteindre librement le
« Bug, et dès le 18, par ses avant-gardes, découvrir
« l'étendue du désastre de la XVIᵉ armée soviétique et en
« même temps prendre le contact de la IIIᵉ armée sovié-
« tique qui se repliait. C'est possible quand on se rend
« compte que le mouvement accéléré de la 4ᵉ armée
« pouvait se combiner avec les efforts de toute la Iʳᵉ
« armée, si celle-ci s'était lancée ce jour-là dans la
« direction qui ne lui fut prescrite que par l'ordre lancé
« dans l'après-midi du 18. Or, je passai cette journée à
« Varsovie où, comme je l'ai déjà rappelé, on ne voulait
« pas voir la situation sous un angle aussi optimiste et
« où, en conséquence, on n'essayait de faire les choses
« qu'à moitié. »

« La deuxième lacune que m'a toujours révélée mon
« analyse fut de n'avoir pas le 19 août, après avoir cons-
« taté que les généraux que j'avais laissés à Varsovie
« ne proposaient que des demi-mesures, pris immédia-
« tement tout en mains et de n'avoir pas mis fin à ce
« chaos d'organisation et au désordre du commande-
« ment, lesquels n'avaient fait que grandir et se déve-
« lopper après mon départ du 12 août, pour prendre le
« commandement de la contre-attaque. Le non-sens
« fondamental de la bataille de Varsovie, découlant des
« suggestions d'un mois de revers et de désastres, était
« si fortement implanté à Varsovie que l'on avait les
« plus grandes difficultés à s'affranchir de ses consé-

« quences. Il y avait là comme qui dirait une tendance
« persistante à maintenir directement sur le front à
« Varsovie même, la plus grande quantité possible de
« troupes pour mettre la capitale à l'abri de toute
« crainte. »

« Le revirement rapide, foudroyant de la situation
« réalisé avec des forces infimes ne paraissait à personne
« devoir durer ».

«.... On s'accrochait aux plus minces manifestations
« de l'activité ennemie pour imaginer encore la possi-
« bilité d'un désastre et pour ne pas croire encore à la
« victoire. Ainsi donc, dans les esprits et dans les cœurs
« subsistait une sorte de dépression, alors que person-
« nellement, dès le 19 et le 20, j'étais affranchi de toute
« espèce de crainte. »

« Je me rendais compte qu'il fallait le plus tôt pos-
« sible en finir avec cette accumulation inutile de
« troupes à Varsovie ».

«... Pendant mon séjour à Varsovie le 18, des dis-
« cussions très animées, empreintes d'inquiétude,
« avaient uniquement trait aux nouvelles arrivées de
« Plock qui, ce jour-là avait été enlevé aux Soviets, aux
« attaques dirigées sur Woclawek et au mouvement des
« troupes soviétiques dans les environs de Brodnica et
« de Torun. »

Et Pilsudski conclut :

« En raison de l'ordre étrange qui groupait la 1re
« armée à l'ouest de la Narew, notre 4e armée fut dirigée
« sur Lomza ; la XVe armée soviétique de son côté se
« trouvait le 19 au soir en pleine retraite, également sur
« Lomza. Pour secourir la IVe armée qui commençait

« à peine sa retraite, elle laissa une division au nord
« de Ciechanow. La retraite de l'armée fut très rapide.
« Se joignirent à elle quelques fractions de la IVᵉ armée
« soviétique qui réussirent à éviter Ciechanow. Dès le
« 21 août, la majeure partie de la XVᵉ armée avec les
« fractions de la IVᵉ armée est à Lomza. »

« ..... Ainsi donc, écrit Pilsudski (p. 168), voilà encore
« une fois, une armée entière, (la XVᵉ), battant précipi-
« tamment en retraite devant une seule de nos divi-
« sions. »

« Restait encore à l'ouest la IVᵉ armée. »

« . . Elle avait inspiré tant de crainte que tout ce
« qui, à l'exception de deux divisions, était chargé de
« défendre Varsovie contre les armées de M. Toukhat-
« chevski avait été dirigé sur elle pour l'encercler étroi-
« tement et pour l'étrangler. C'est ainsi que de l'est
« marchait contre elle notre 1ʳᵉ armée, mais celle-ci,
« obligée par les ordres reçus (de Pilsudski) à de nou-
« veaux détours, dut franchir une fois de plus la Narew,
« en partie sans ponts, et elle ne rejoindra nulle part
« à temps, ni à Lomza où elle fut dirigée le 18 août, ni
« à Mlawa, où l'envoyèrent de nouveaux ordres du
« commandement. »

La IVᵉ armée soviétique poursuivie par la 5ᵉ armée
polonaise fut finalement arrêtée près de Lomza par les
14ᵉ et 15ᵉ D. I. (4ᵉ armée) Après un court combat, elle
se résigna à franchir la frontière de Prusse Orientale et
déposa ses armes.

Quoiqu'il en soit, n'ayant éprouvé le 16 et le 17 que
de faibles résistances, la *Masse de Manœuvre* aborda,
le 18, en pleine possession de ses moyens, un adversaire
impressionné déjà par l'insuccès de ses efforts devant

Varsovie et terrorisé par l'apparition inattendue de la contre-attaque polonaise. Les IV° et XVI° armées rouges n'avaient plus que l'idée de fuir.

Le 18 la masse de manœuvre traversa la XVI° armée qui fuit en désordre. Au moment où les colonnes polonaises coupent les itinéraires de retraite de cette XVI° armée, les bolchéviks sont en groupes plus ou moins forts qui, ou se rendent sans combat ou résistent seulement pour se donner le temps de fuir. Il se produit alors une mêlée d'éléments dont le croquis peut donner idée. Plusieurs fois les États-Majors polonais furent en danger. Le 18 au matin à Garwolin l'État-Major de la 4° armée, où se trouve Pilsudski, est subitement alerté : on signale l'approche d'une brigade de Cosaques. Les gendarmes et ordonnances sont rassemblés, des barricades sont élevées en hâte aux issues de la petite ville. Heureusement les cavaliers ennemis ne songent qu'à fuir et contournent Garwolin. Gendarmes et ordonnances montent en camions et se lancent à la poursuite des Cosaques.

Mais justement dans cette journée du 18 où Pilsudski va à Varsovie, les colonnes de la masse de manœuvre, préoccupées de nettoyer le terrain des Bolchéviks en déroute, de ramasser des prisonniers et de mettre à profit les vivres interceptées n'avancent pas. Il faut qu'à son retour de Varsovie, il les rappelle au but final.

La 4° armée, Général Skierski, après avoir coupé en deux la XVI° armée soviétique avait livré le 19 à Ostrów un rude combat à la III° armée soviétique. La 2° armée polonaise longe les colonnes de la XV° armée soviétique en retraite. Le 22, elle était à Lomza, ayant fait en chemin de nombreux prisonniers. La 24 elle arrive à Kolno où elle devance de quelques heures le 3° corps de cavalerie de Gay-Khan. Après un vif combat qui se prolongea toute la nuit, Gay-Kan franchit la frontière prussienne.

La 4ᵉ armée ramasse plus de 2.500 prisonniers, ce qui ne lui a pas coûté plus de 500 hommes hors de combat.

2ᵉ Armée (Général Rydz-Smigly).

Presqu'en même temps la 2ᵉ armée polonaise apparut à Grajevo. Elle avait parcouru du 18 au 25, soit en huit jours, près de 250 kilomètres et n'avait rencontré de résistance sérieuse qu'à Bialystok. Le 19, Rydz-Smigly, avec la 3ᵉ D. I. des Légions, avait pris Brzesc. Le 23, il enleva Bialystok après un combat acharné et fit plusieurs milliers de prisonniers. Il envoya aussitôt des détachements de cavalerie sur Grajewo pour y barrer les défilés entre les marais de Biebrz au sud et la frontière allemande au nord.

Naturellement les parcs ne peuvent suivre. L'ordre a été donné de vivre sur le pays; mais le pays ne peut fournir que peut de choses ayant été dévasté par les troupes polonaises lors de leur retraite, et par les troupes soviétiques dans leur avance sur Varsovie.

Pour les munitions la question du ravitaillement ne se pose pas : les divisions se suffisent avec l'approvisionnement qu'elles ont emporté au départ.

Front défensif du Sud. Pour n'avoir pas à y revenir, disons de suite ce qui s'est passé sur le front sud.

6ᵉ armée. — Le Général Iwaszkiewicz lutte opiniâtrement contre l'Armée de cavalerie qui, supérieure en nombre, le refoule jusqu'à la ligne Zolkiew, Kulikow, Jaryczow, Busk.

Budienny eut voulut s'emparer de Lwow pour se rabattre ensuite sur Lublin, comme il en avait reçu l'ordre.

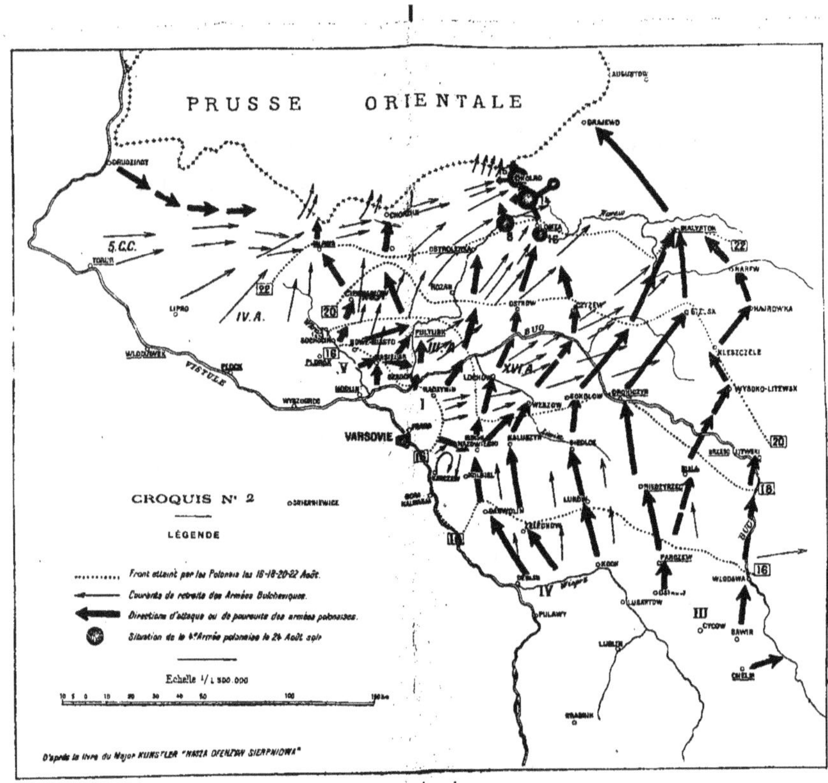

PRUSSE ORIENTALE
5. C.C.
IV. A.
III. A.
XVI. A.
BUG
VISTULE
VARSOVIE
TORUN
LIPNO
WLOCLAWEK
PLOCK
PULTUSK
OSTROLENKA
OSTROW
OCHODZE
NOZAR
WYSZOGROD
MODLIN
OLKNO
CROQUIS N° 2
LÉGENDE
Front atteint par les Polonais les 16-18-20-22 Août.
Courbure de retraite des Armées Bolcheviques.
Directions d'attaque ou de poursuite des armées polonaises.
Situation de la 4.ᵉ Armée polonaise le 24 Août soir.
Echelle 1/1.500.000
0 10 20 30 40 50 100 150 km
D'après le livre du Major KUNSTLER "NASZA OFENZYW SIERPNIOWA"

Croquis n° 4.

Mais Lwow se prépare à une résistance désespérée avec la participation active de ses habitants.

Un détachement de Polonais opposa à Zadworze une résistance héroïque à l'une des divisions de cavalerie ; il y resta presqu'en entier mais pendant toute une journée il avait arrêté la division et lui avait infligé des pertes élevées.

Cette affaire convainquit Budienny de l'impossibilité de prendre Lwow rapidement, et il se décida, comme il en avait l'ordre, de se rabattre sur Lublin pour porter aide à Toukhatchevski, mais il avait perdu 6 jours.

CHAPITRE VI

COMMENT TOUKHATCHEVSKI
RÉAGIT DEVANT LA MANŒUVRE POLONAISE

Ce fut le 17 au matin que Toukhatchevski apprit à son Q. G. de Minsk le déclanchement d'une attaque polonaise venant du Wieprz et la déroute du Groupe de Mozyrz étalé de Demblin à Wlodava.

Mais on fut long à voir clair dans ce qui se passait. Les premiers ordres de Toukhatchevski ne parurent que vers 16 heures et son ordre complet à 18 h. 30.

Le seul souci de Toukhatchevski, comme il l'a écrit dans son ouvrage, fut d'arracher ses troupes le plus tôt possible à l'étreinte de l'ennemi sorti du Wieprz et de les ramener fortement en arrière pour les recompléter et les préparer de nouveau à la lutte.

Si son ordre premier établit les IIIe et XVIe armées sur la Narew, le Bug et la Liwiec, s'il maintient sur place la XVe armée et lui ordonne une attaque sur Plonsk, ce ne sont que des missions temporaires destinées à gagner du temps pour tirer la IVe armée de la situation difficile où elle est tombée par suite de son avance jusqu'à la Vistule et presqu'à Brodnica (70 kilomètres à l'ouest de Mlava). Cette armée doit « en route » attaquer l'ennemi qui pousse devant lui les IIIe et XVe armées. Mais l'affaire principale de la IVe armée c'est de se concentrer le plus vite possible, avec le corps de cavalerie, dans la région de Przasnysz.

La XV⁰ armée doit gagner le temps nécessaire à ce mouvement de la IV⁰ armée et cela en fixant le groupement polonais de Modlin. Voici d'ailleurs le récit qu'à donné Toukhatchevski (p. 250).

« Pendant qu'on procédait à ces regroupements,
« l'Armée polonaise passa à l'offensive. Le groupe de
« Mozyrz fut facilement écrasé, dispersé et se rejeta
« en désordre. La XVII⁰ armée commença à éprouver
« les effets de l'attaque de flanc qui devinrent d'autant
« plus sensibles que juste à ce moment on était en train
« de remanier le dispositif et que les divisions avaient
« perdu toute liaison avec le Commandement de
« l'Armée, ce qui résultait du trop grand éloignement
« de l'Etat-Major de la ligne de combat. Cette situa-
« tion devint pour nous critique, étant donné surtout
« que l'armée de cavalerie s'obstinait à opérer en direc-
« tion de Lwow au lieu d'opérer en direction de
« Lublin. »

« Malheureusement, le commandement du front ne
« fut informé de l'offensive polonaise que le 18 août
« (Pilsudski montre qu'il a dû en réalité l'être le 17)
« par une conversation téléphonique avec le com-
« mandant de la XVI⁰ armée. Ce dernier n'avait été
« instruit que le 17. Le groupe de Mozyrz n'envoya
« aucun compte rendu sur ce qui se passait.

« Le commandant de la XVI⁰ armée, en rendant
« compte par le Hughes de la situation, se prononçait
« pour une retraite nécessaire, en vue de se réorganiser,
« mais il ne considérait pas l'offensive des forces polo-
« naises « blanches » comme sérieuse et prévoyait la

« possibilité de la liquider. Cependant le rapproche-
« ment des renseignements que l'on avait sur l'ennemi
« et de cette offensive débouchant de derrière le
« Wieprz, nous força d'envisager autrement la situa-
« tion. Le commandant du front lança immédiatement
« un ordre qui modifiait entièrement les missions des
« armées du front. »

« A notre aile gauche, la situation devenait mena-
« çante. A notre aile droite, par suite des opérations
« incompréhensibles de la IV⁰ armée, il n'était pas
« possible d'en finir avec l'ennemi qui attaquait; au
« contraire, la IV⁰ armée en s'aventurant vers Wloc-
« lawek s'était condamnée d'avance à une situation
« extrêmement critique ».

« L'ordre disait en substance : la IV⁰ armée avec
« toutes ses forces devra se concentrer le 20 août,
« terme de rigueur dans la région de Ciechanów-
« Przasnysz-Makow en aidant en route la XV⁰ armée.
« Les XV⁰ et VII⁰ armées reçurent la mission de con-
« tenir l'ennemi et de couvrir la concentration des
« réserves de la IV⁰ armée.

« La XVI⁰ armée devait se replier derrière la Liviec
« et le groupe de Mozyrz couvrir l'aile gauche de la
« XVI⁰ armée.

« La XII⁰ armée reçut l'ordre de passer à l'attaque
« dans le but de fixer l'ennemi qui avait débouché du
« Wieprz ; la 21⁰ D. I. de la III⁰ armée et une D. I, de
« la XVI⁰ durent se porter à marches forcées dans la
« région Drohiczyn-Janow en réserve du front.

« Il était évident que le temps perdu nous avait fait
« manquer l'occasion d'infliger un désastre à l'adver-
« saire et que nous étions tombés nous-mêmes dans
« une situation critique ; la retraite s'imposait. Con-

« naissant le caractère des combats et des opérations
« sur nos fronts discontinus et très étendus, le com-
« mandant du front ne se faisait aucune illusion sur
« nos possibilités de résistance et sur la nécessité
« probable de battre en retraite jusqu'à la ligne
« Grodno-Brest. Là, nous aurions la possibilité d'in-
« corporer les 60.000 hommes de renfort qui étaient
« déjà en cours de transport ou de marche vers les
« bataillons de réserve de nos armées. Là, nous pour-
« rions nous reposer, nous réorganiser et passer de
« nouveau à l'offensive.

« Mais la condition essentielle était de tirer d'abord
« nos armées en bon état de cette situation. Ainsi
« l'isolement de la IVe armée nous causait quelqu'in-
« quiétude...

« Mais là ne se terminèrent pas nos malheurs. La
« pénurie de moyens de transmission et les mouve-
« ments de va et vient de la IVe armée vers le corridor
« de Dantzig, empêchèrent le commandant de la
« IVe armée de recevoir en temps voulu l'ordre donné.
« Pour comble de malheur, le commandant de la
« IVe armée, sans liaison avec l'État-Major du front et
« les armées voisines et n'ayant par suite aucune idée
« de la situation générale sur le front, envisageait
« cette dernière sous un jour extrêmement favorable
« et la retraite comme tout à fait inopportune.

« Le 19 août, s'étant mis en relation, par hasard,
« avec le commandant du front par le Hughes, il lui
« exprima ses vues, mais reçut la confirmation caté-
« gorique de l'ordre donné.

« Que la IVe armée ayant perdu tant de temps n'ait
« pu finalement à la date fixée achever la mission
« prescrite, cela se conçoit tout seul.

« Cette circonstance jointe à la désorganisation du
« groupe de Mozyrz qui était arrivé à son comble et à
« l'audace que l'ennemi avait apprise à notre école
« et qui le faisait attaquer avec une vitesse échevelée,
« condamnait d'avance la IVᵉ armée à une perte
« presque certaine. Un seul espoir restait, celui de voir
« l'ennemi s'arrêter, ne fut-ce qu'un temps très court,
« pour organiser ses derrières, ou du moins ralentir
« l'allure de son offensive.

« Mais c'est ce qu'il ne fit pas.

« Le 20 août l'ennemi rejeta la XVIᵉ armée, en
« désordre, prit en flanc successivement la IIIᵉ et la
« XVᵉ armées, les battit et occupa la ligne Przasnysz-
« Makow-Bielsk-Bresc.

« A ce moment-là, la IVᵉ armée venait d'entamer sa
« marche sur Przasnysz et se trouvait dans la région
« de Ciechanów.

« Le 22 août, l'ennemi déboucha sur la ligne Ostro-
« lenka-Lomza-Bialystok. La IVᵉ armée ne faisait qu'ap-
« procher du premier point. Les XVᵉ et IIIᵉ armées
« font tous leurs efforts pour arrêter l'attaque ennemie
« et permettre à la IVᵉ armée de franchir l'étroit cor-
« ridor entre la Narew et la frontière de la Prusse
« Orientale. Mais cette tâche est impraticable. Les
« IIIᵉ et XVᵉ armées à la suite de combats inégaux dans
« une situation extrêmement critique, perdent une
« grande partie de leurs forces et ne peuvent plus
« porter secours à la IVᵉ armée. La plus grande partie
« de cette armée est acculée à la frontière de la Prusse
« orientale et est obligée de passer en territoire alle-
« mand.» (Toukhatchevski, annexe à l'ouvrage de Pilsudski : « L'année 1920 » p. 250-253).

CHAPITRE VII

LES RÉSULTATS DE LA MANŒUVRE

Au cours de cette lutte de douze jours, 66.000 prisonniers, 231 canons et 1.023 mitrailleuses sont tombés entre les mains des Polonais. Les pertes de ceux-ci ont été infimes.

Des troupes nombreuses, nous l'avons vu, étaient passées soit en Prusse orientale, soit en Lithuanie. Ces deux pays les laissèrent traverser tranquillement leur territoire et les troupes purent venir se regrouper à Grodno.

Pilsudski sans s'occuper de la XIIe armée soviétique et l'armée de cavalerie de Budienny déjà en retraite, se jeta sur les forces que Toukhatchevski avait regroupées dans le triangle Wilno-Grodno-Bialystok. Il les encercla au moyen d'un mouvement tournant audacieux qui les coupa du Nord.

Après de rudes combats la grande armée soviétique était anéantie. Ainsi se terminait la croisade entreprise pour propager en Pologne la révolution prolétarienne et de là en Occident.

Sur les bords de la Vistule en ce mois d'août 1920, le sort du monde s'est joué.

DEUXIÈME PARTIE

EXAMEN CRITIQUE DE LA MANŒUVRE
ENSEIGNEMENTS

La manœuvre napoléonienne du Maréchal Pilsudski sur les derrières des armées rouges, au moment où elles s'efforçaient d'emporter la tête de pont de Varsovie, a sauvé la Pologne.

Le résultat est beau, d'autant qu'il a été obtenu avec des troupes dont le moral avait été singulièrement abaissé par une retraite de plus d'un mois, et, point considérable, au prix de pertes minimes.

Du point de vue *Art de la Guerre*, la manœuvre, il faut en convenir, n'a point donné son plein effet : la capture complète des armées bolchéviques. Pourquoi? C'est ce que nous allons chercher à déterminer. Bien entendu, l'examen critique des opérations, ne peut être que théorique, car il est impossible de se mettre exactement dans l'ambiance du moment. Il peut toutefois donner des leçons utiles.

Avant de l'entreprendre, il faut trancher cette question capitale ; les actions d'août 1920 forment-elles manœuvre ou bataille?

CHAPITRE VIII

MANŒUVRE OU BATAILLE

Les écrivains qui ont étudié les actions entre Russes et Polonais d'août 1920, les ont désignées *Bataille de la Vistule* ou *Bataille de Varsovie*. Certains même ont voulu y voir une bataille napoléonienne dans laquelle l'armée conduite par Pilsudski aurait formé l'attaque débordante — encore qu'à cette bataille napoléonienne, que ces écrivains paraissent mal connaître, il manquait l'attaque principale.

« Rassembler rapidemeut une armée de manœuvre sur le bas Wieprz, dit l'ordre du 6 août de Pilsudski, la jeter ensuite sur le flanc et les derrières de l'ennemi, attaquant Varsovie, et le battre ».

C'est bien la formule de la manœuvre napoléonienne sur les derrières de l'adversaire. Pour faire l'examen critique de la manœuvre de Pilsudski et en tirer des enseignements, c'est donc au schéma de la manœuvre napoléonienne qu'il faut la confronter.

Comme tous les lecteurs n'ont pas forcément présent à l'esprit le schéma de la manœuvre napoléonienne, je vais la rappeler en quelques mots et aussi montrer la différence entre la manœuvre napoléonienne et la bataille napoléonienne.

Bataille napoléonienne[1]. — La bataille napoléonienne repose sur une *attaque principale*.

Pour vaincre, il n'est pas nécessaire de triompher sur tout le développement du front. Le moyen le plus sûr et le moins coûteux d'emporter la victoire, c'est de produire sur le front adverse, par un vigoureux coup de force, une désorganisation locale assez considérable pour entraîner la désorganisation totale : « La brèche faite, l'équilibre est rompu, tout le reste devient inutile ». (Napoléon.)

Mais cette *attaque principale* exige, pour réussir, d'être lancée sur un point déjà affaibli et au moment où l'ennemi n'a plus de réserves à lui opposer. Tout au moins faut-il que la brusquerie de la mise en scène ne laisse pas à l'adversaire le temps d'amener contre elle des forces d'une autre partie du champ de bataille. Aussi, le premier acte de la bataille napoléonienne a-t-il pour objet d'immobiliser l'adversaire et d'user ses forces pour lui faire jeter dans la mêlée toutes ses réserves. Ce premier résultat obtenu, la bataille est mûre pour *l'attaque principale*, dont il reste à déterminer le *point d'application* et *le moment*.

Ces deux éléments, Napoléon les détermine *a priori* par la mise en scène d'une *attaque tournante*. Cette attaque tournante, il la lance sur les derrières de l'aile ennemie, derrière laquelle il trouve sa ligne de retraite.

Quel est son effet inéluctable ? Toutes les forces, toutes les réserves de l'adversaire sont engagées sur le front, son attention y est concentrée, et voilà que tout à coup, une masse lui est signalée qui s'avance sur la

1. Voir pour tous détails ma « *Guerre Napoléonienne* » t. III : les Batailles.

ligne de retraite. Que lui opposer? Comment entraver sa marche? Pris au dépourvu, bouleversé par cette attaque dont il ignore la force, l'adversaire est vite démoralisé. Il ne peut jeter au-devant d'elle que quelques morceaux de réserves précieusement conservées jusque-là, ou étendre son aile au détriment de sa densité.

L'ennemi étendant son aile pour s'opposer à la masse tournante, une *ligne de rupture* se produit au point d'attache de cette aile avec le centre. C'est devant ce point que Napoléon a placé d'avance sa *masse de rupture* et cette masse, il la lance au moment précis où la masse tournante a produit son effet.

D'habitude, Napoléon commençait sa bataille par le combat de front, ce n'est que quand il avait fixé et usé l'adversaire qu'apparaissait l'attaque tournante.

Quoiqu'il arrive *l'attaque débordante* a pour effet de concentrer des forces contre l'aile attaquée.

Manœuvre sur les derrières. — L'idée de Napoléon est de prendre l'ennemi d'un seul coup et si possible même sans bataille rangée.

Tandis que l'ennemi s'avance vers quelque point qu'il convoite, Napoléon, par des marches rapides, faites sous l'abri d'un rideau couvert — fleuve ou rivière d'ordinaire — jette ses forces *réunies* sur les derrières de cet ennemi, lui coupant ses convois et ses lignes de retraite. Ce faisant, il compte bien ramener sur lui l'adversaire en désordre et l'écraser en détail.

Le 12 octobre 1806 à 4 heures du matin, Napoléon écrit à Lannes :

« *Toutes les lettres interceptées font voir que l'en-*

nemi a perdu la tête. Ils tiennent conseil jour et nuit et ne savent quel parti prendre.

« Vous voyez que mon armée est réunie, et que je leur barre le chemin de Dresde et de Berlin.

« *L'art est aujourd'hui d'attaquer tout ce qu'on rencontre, afin de battre l'ennemi en détail et pendant qu'il se réunit.*

« *Quand je dis qu'il faut attaquer tout ce qu'on rencontre, je veux dire qu'il faut attaquer tout ce qui est en marche et non dans une position qui le rend trop supérieur... »*

Et à Murat :

« *Vous verrez, par la situation de l'armée, que j'enveloppe tout à fait l'ennemi.*

« ... *Attaquez hardiment tout ce qui est en marche. Ce sont des colonnes qui cherchent à se rendre à un point de réunion et la rapidité de mes mouvements les empêche de donner un contre-ordre. Deux ou trois avantages de cette espèce écraseront l'armée prussienne*, sans qu'il soit peut-être besoin d'affaire générale ».

C'est *toutes* ses forces ou presque que Napoléon amène sur les derrières de l'ennemi. Par les calculs les plus minutieux où il fait entrer largement la démoralisation de l'adversaire, il reduit au strict minimum les forces à laisser en dehors de sa masse de manœuvre. Tout doit être *subordonné* à ce résultat d'avoir une masse de manœuvre la plus considérable possible.

« *Avec cette immense supériorité de forces réunies sur un espace étroit vous sentez*, — écrira Napoléon à

Soult le 5 octobre 1806, — que je suis dans la possibilité de ne rien hasarder et d'attaquer l'ennemi —

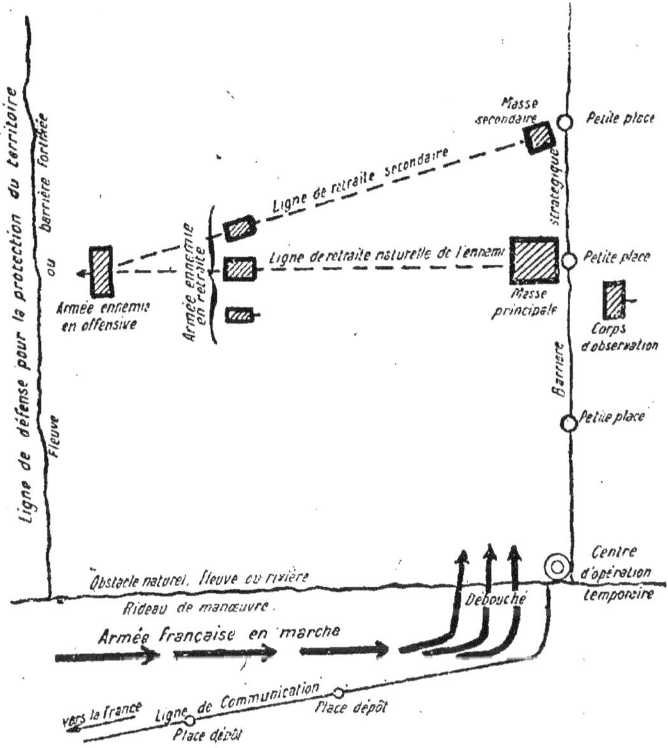

Croquis n° 5.

— avec des forces doubles — partout où il voudra tenir ».

Pour empêcher l'ennèmi de lui échapper, il occupe tout d'abord, dès qu'il est arrivé sur ses derrières, les points de passage principaux de quelque rivière importante, qui sera sa *barrière stratégique :*

Adda (manœuvre de Lodi, 1796), Alpone (manœuvre
d'Arcole, 1796), Lech (manœuvre d'Augsbourg, 1805),
Saale (1806), Isar (1809), Vilia (manœuvre de Vilna,
1812).

Voilà d'ailleurs le schéma que j'ai pu tracer de la manœuvre sur les derrières, en composant les diverses
manœuvres de Napoléon.

____

CHAPITRE IX

EXAMEN DE LA MANŒUVRE DE PILSUDSKI

La manœuvre de Napoléon, à laquelle on peut le plus utilement comparer celle du Maréchal Pilsudski, est la manœuvre de la Vilia (Vilno) en 1812 [1].

Rappelons-là brièvement.

En 1812, Napoléon envahit la Russie avec 400.000 hommes. Il les a répartis en deux armées : une armée principale de 250.000 hommes, sous sa main propre, et deux armées auxiliaires, l'une de 80.000 hommes sous le vice-roi d'Italie, son beau-fils, à l'est des Lacs de Mazurie, l'autre, de 70.000, sous le roi de Westphalie, Jérôme, son frère, en avant et à l'est de Varsovie.

Le 5 juin, sachant le gros des forces russes en cordon le long du Niemen, au sud de Kowno, son plan est, par des démonstrations de l'armée de Jérôme, à l'est de Varsovie, d'attirer et de retirer le plus possible les forces russes de ce côté, tandis qu'avec son armée

---

1. La manœuvre de Pilsudski s'est faite en sens inverse de celle de Napoléon en 1812.

En 1812 Napoléon veut couper aux forces russes, qui sont encore au sud de la Vilia, la retraite sur Moscou. Il occupera tout d'abord Wilno, puis, par un rabattement au sud de ses corps, il acculera les forces russes aux Marais de Pinsk, contre lesquels il les prendra. En 1920, Pilsudski veut couper aussi la retraite aux Bolchéviks. Mais c'est du sud au nord qu'il veut les envelopper en les acculant à la frontière allemande.

principale, passant soudain le Niemen à Kowno, il marchera rapidement sur Wilno, sur la Vilia, carrefour de retraite des forces russes vers Pétersbourg et Moscou.

Il occupera la Vilia comme *barrière stratégique*. Ceci fait, il rabattra son armée principale au sud contre les corps russes qui n'auront pas eu le temps de repasser la rivière pour se mettre en retraite sur Moscou et Pétersbourg, et les entourera avec toutes ses forces.

Dans ses instructions à Jérôme, du 15 juin, il lui définit son rôle :

« D'abord faire croire que vous allez en Volhynie et tenir le plus possible l'ennemi sur cette partie, pendant que, le débordant sur son extrême droite, j'aurai gagné sur lui 12 ou 15 marches dans la direction de Pétersbourg ; je me trouverai sur son aile droite, je passerai le Niemen et lui enleverai Wilno, ce qui est le premier objet de la Campagne. »

L'ennemi alors ou se repliera vivement pour livrer bataille et reprendre ses lignes de retraite, ou bien il voudra foncer sur Varsovie.

« Pendant que l'ennemi serait sur les remparts de Praga (tête de pont de Varsovie) et sur les bords de la Vistule, vous vous trouverez réuni à l'armée et par mon mouvement à droite, toute son armée se trouverait débordée et jetée dans la Vistule ».

Et le 10 juin, donnant au Major Général de nouvelles instructions pour Jérôme, Napoléon écrit :

« ... Tandis que l'ennemi (s'il marche sur Jérôme), s'enfoncerait dans des opérations qui ne le condui-

Danamunde
Riga
Mittau
Memel
Dunabourg
Rossieny
Keidany
Vilkomir
Niemer
Dwina
Drissa
Polotsk
Jakubovo
Widri
Glubokoie
Witebsk
Paretschié
Gjatsk
Volon.
Moscou
Borodno
Ianoutina
Viasma
Pillau
Tilsite
Kovno
Yanov
Sventsiany
Osovniov
Koudnia
Valoutina
Loubino
Dorogobouitch
Malojaroszlavetz
Riozan
Danzig
Kœnigsberg
Insterbourg
Preny
VILNA
Kamen
Taschenkowski
Rossasno
Smolensk
Kalouga
Toula
Dirschau
Ulla
Mereoz
Olsmin
Schiorgoni
Studentra
Orcha
Krasnote
Marienwerder
Gyn
Ochmiana
Voloune
Burtzov
Gorki
Graudenz
Grodno
Minsk
Mohilef
Thorn
Motsy
Nowogrodek
Ostrolenke
Wolkowisk
Mir
Babrouisk
Plock
Pultusk
Bialystok
Slonim
Nesvie
Modlin
Briansk
Marais
Varsovie
Praga
Kabrin
Pinsk
Prypet
Mozyr
Lublin
Brest-Litowski
Zamosc
Kier

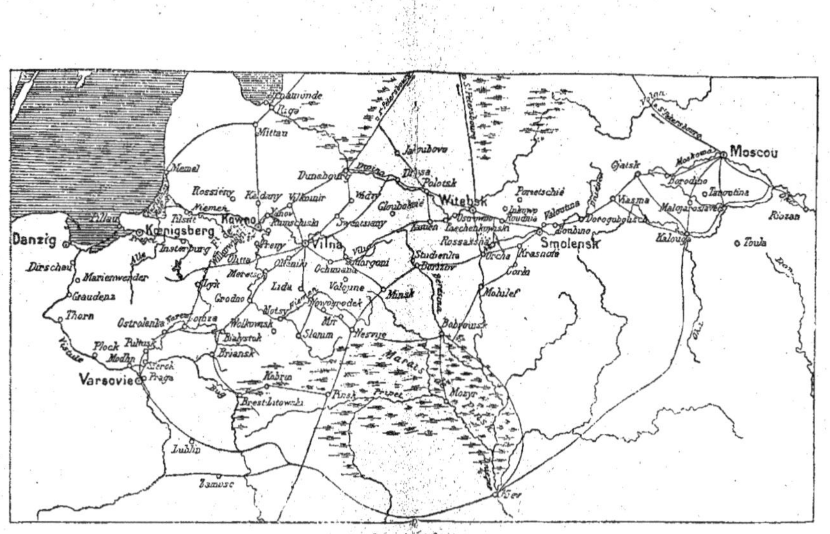

Croquis n° 6

raient à rien, puisqu'en dernière analyse il trouve-
rait la Vistule, il aurait perdu bien des marches, et la
gauche de notre armée, qui aurait passé le Niemen,
arriverait sur son flanc et sur ses derrières *avant qu'il*
pût se relever.

« *Que si, au contraire, l'ennemi ne fait aucun*
mouvement, le roi doit le menacer, par des mouve-
ments de troupes légères, de se porter sur Grodno et
Bialystok, qu'il doit à cet effet faire avancer ses pon-
tons et annoncer ouvertement ce projet ; mais le plan
général étant de replier la droite *et d'avancer* la
gauche, *ce ne serait réellement qu'après que la gauche*
aurait passé et que ce mouvement aurait produit son
effet sur les cantonnements ennemis de Grodno et de
Bialystok, que la droite se mettrait *à la poursuite de*
l'ennemi, afin de l'occuper et de l'empêcher de se por-
ter tout entier sur la gauche, sans pourtant jamais se
compromettre. *Que l'important est que la droite ne se*
commette pas contre des forces supérieures et ma-
nœuvre réunie de position en position, que si la plus
grande partie de l'armée russe se trouvait à cette
attaque de flanc, il ne pourrait jamais rien arriver à
la droite qui aurait toujours pour refuge le camp
retranché de Modlin, soit la rive gauche de la Vis-
tule ; mais qu'aussitôt qu'un pareil mouvement de la
part des Russes serait décidé, je tomberai avec toute
mon Armée sur leur flanc droit et sur les derrières [1];

---

1. Il est à remarquer que Napoléon parle ici d'une attaque
sur le flanc droit et sur les derrières, c'est que dans cette campagne l'armée du prince Eugène qui flanquait à droite l'armée
de manœuvre, devait assaillir le flanc droit des Russes en
offensive sur Varsovie, tandis que l'armée de manœuvre serait
sur leurs derrières.

qu'il est difficile que l'ennemi s'expose ainsi à une perte totale... ».

On sait ce qui arriva : l'armée principale, retardée par les convois, ne put arriver à temps à Wilnó pour empêcher une partie des forces de s'enfuir au nord.

Aussi le 5 juillet l'Empereur envoyait il à Jérôme et le Major Général cette verte semonce :

« Ecrivez au roi de Westphalie que je suis extrémement mécontent qu'il n'ait pas mis toutes les troupes légères sous les ordres du Prince Poniatowski aux trousses de Bagration pour harceler son corps et arrêter sa marche; qu'arrivé le 30 à Grodno, il devait attaquer l'ennemi sur le champ et le poursuivre vivement. Vous lui direz qu'il est impossible de manœuvrer plus mal qu'il ne l'a fait, que le Général Reynier et même le 8e Corps étaient inutiles à celà; qu'il falloit faire marcher le prince Poniatowski avec tout ce qu'il avait de disponible pour suivre l'ennemi; que pour s'être éloigné de toutes les règles et de ses instructions, il fait que Bagration aura tout le temps de faire sa retraite, et il l'a fait à son aise... Dites-lui que le prince Poniatowski n'eût-il eu qu'une seule division, il fallait l'envoyer... il n'aurait pu être compromis puisque Bagration n'a pas eu le temps de combattre ou de manœuvrer et qu'il ne cherche qu'à gagner du terrain, sachant qu'il est coupé par les manœuvres que je fais faire... Vous lui direz que tout le fruit de mes manœuvres et la plus belle occasion qui se soit présentée à la guerre ont échappé par ce singulier oubli des premières notions de la guerre. »

Ceci rappelé, passons à la manœuvre de Pilsudski.

Les correspondances qu'on peut établir entre cette manœuvre et celle de Wilno sont les suivantes :

Armée de manœuvre.	Celle que Napoléon commande en personne.	Masse du Wieprz que conduit Pilsudski.
Armée de flanquement.	Prince Eugène.	2° armée le long de la Vist. de Varsovie au Wieprz.
Armée de démonstration.	Roi Jérôme.	Forces de la tête de Pont de Varsovie et 5° armée.
Barrière stratégique et point capital à atteindre.	Wilia-Wilno.	Bug-Malkin.

Ici nul besoin de *démonstration* pour amener les Bolchéviks à se mettre en prise : l'appât de Varsovie suffit. Dans cette nuit du 5 au 6 août, où il accouche de sa manœuvre, Pilsudski peut escompter que les armées rouges convergeront sur Praga par les routes qui viennent de Brzesc, de Drohiczyn et de Malkin.

Mais au lieu de marcher directement sur Praga, Toukhatchevski, pour éviter des pertes sur la tête de pont, ne va-t-il pas, comme Paskiewitch en 1831, tourner cette tête de pont par l'ouest? Pourquoi le ferait-il? Il vient de faire aux Polonais depuis la frontière une conduite sévère et doit les croire, par suite, entièrement démoralisés et incapables d'une résistance sérieuse, même sur la tête de pont de Varsovie.

Dans ces conditions pourquoi perdre du temps à tourner la tête de pont? Il n'a qu'à risquer l'attaque pour entrer sans délai dans la capitale de la Pologne, y proclamer la révolution prolétarienne qui fera tout craquer.

Admettons qu'il tourne la tête de pont pour passer la Vistule à Plock et à Wloclawek : il lui faudra quelques jours pour préparer son passage — car il n'a pas d'équipage — l'on pourra l'inquiéter dans son flanc et gagner ainsi le délai nécessaire pour déclencher la manœuvre.

Au lieu de vouloir constituer un front défensif sur la Narew, ou l'Omulew, ou la Wkra, on eut pu se conformer aux instructions données par Napoléon au Prince Eugène, vice-roi d'Italie, lorsqu'en 1813 il le chargea de couvrir sur l'Elbe, avec les débris ramenés de Russie, l'organisation de nouvelles forces.

« Il serait très important, lui écrit-il, dès le début de la campagne de se maintenir sur l'Elbe (lui, Eugène avec son armée); appuyé à Magdebourg, je ne pense pas que vous ayez la crainte d'être tournés, vous trouvant à cheval sur une si forte rivière et à moins que l'ennemi ne déploie une force considérable comme 100.000 hommes, je ne pense pas qu'il puisse vous obliger d'abandonner Magdebourg.

« En faisant prendre une position offensive et en montrant l'existence de la grande quantité de troupes qui sont à Magdebourg, l'ennemi sera bridé et ne pourra rien faire de raisonnable sans opposer une armée de 100.000 hommes à la vôtre et se voyant ainsi à la veille d'une bataille il se gardera bien de faire des détachements qui l'affaibliraient. »

« Placez en avant de Magdebourg les 4 divisions du Général Lauriston, les 3 divisions du 11e corps, la division de la Garde, le 1er et 2e corps de cavalerie. Vous réunirez ainsi 60.000 hommes d'infanterie, 250 pièces de canons et bientôt 10.000 à 12.000 hommes

de cavalerie. Couvrez votre camp par quelques lunettes ; faites y baraquer vos troupes. Envoyez tous les jours dans les différentes directions des avant-gardes de 1.500 chevaux et d'une division d'infanterie.

« Si l'ennemi marchait en forces sur Havelsberg, il ne pourrait pas le faire sans avoir 80.000 hommes pour vous masquer .. »

En s'en tenant à ces instructions, il suffisait de tenir des forces à Modlin et sur la tête de pont, en mesure de se jeter sur les derrières des Bolchéviks, si, les négligeant ils s'avançaient à l'ouest.

C'était une erreur de vouloir constituer un pont défensif d'abord sur la ligne Narew-Orzyc, puis sur celle de l'Omulew, enfin sur celle de la Wkra. Toutes ces lignes risquaient d'être coupées à leur point d'attache avec le Bug près de Varsovie et les troupes qu'on y eut placées, isolées et finalement prises contre la frontière allemande.

C'est bien ce que pensait Pilsudski qui céda pourtant à ses collaborateurs. La prise de Pultusk par les Rouges empêcha d'ailleurs de constituer ce nouveau front défensif.

Voilà donc la 5ᵉ armée ramenée au nord de Modlin. Pendant la guerre mondiale, les Russes avaient fait là une très grande place : Novo-Georgiewsk ; il était possible de lui constituer une garnison avec les nouvelles levées.

Appuyée sur Modlin, la 5ᵉ armée pouvait, même avec un effectif réduit, retarder, si non empêcher, le débordement par l'ouest. Après tout, il ne s'agissait que de gagner les cinq ou six jours nécessaires pour le rassemblement de la masse de manœuvre, son lance-

HAMBOURG
Elbe
Steitin
Oder
Netze
Aller
Havel
Spandau
BERLIN
Warthe
Custrin
Spree
Gr. Beeren
MAGDEBOURG
Dennewitz
Baruth
Rosslau
Wittenberg
Luckau
Neisse
Bober
Aken
Dessau
Wartenburg
Saale
Duben
Torgau
Soremberg
Glogau
HALLE
Hoyerswerda
Würschen
GÖRLITZ
Silésie
Mersebourg
Leipzig
Bautzen
Bunzlau
Oder
Werra
Unstrutt
Weissenfels
Lützen
Liegnitz
ERFURT
Elster
Görschen
Meissen
Lauban
Eisenach
Jena
Gera
Neisse
DRESDE
Stolpen
Rumburg
Löwenberg
Goldauer
BRESLAU
Freyberg
Pirna
Königstein
Zittau
Hirschberg
Zwickau
Chemnitz
Collm
Peterswald
Schweitnitz
Thüringer Wald
Plauen
Erz Gebirge
Töplitz
Commotau
Bohême
Glatz
Cobourg
Hof
Eger
PRAGUE
Elbe
Main
Bayreuth
Eger
Carlsbad

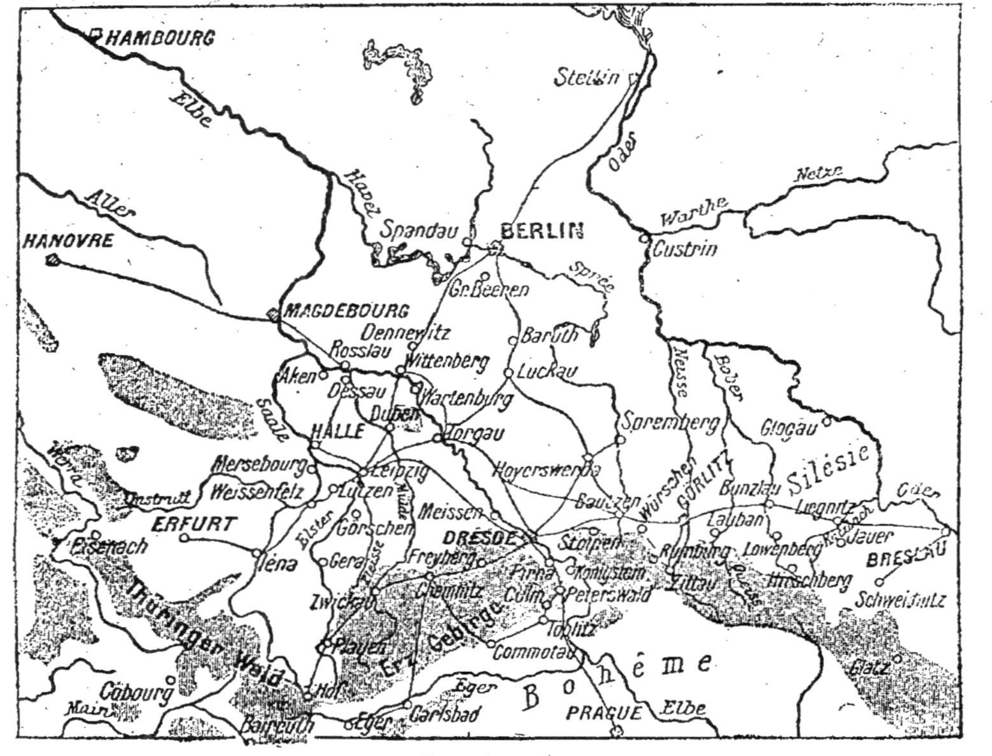

Croquis n° 7.

ment et les deux jours qu'il lui fallait pour faire sentir son action.

Pilsudski calculait qu'il pourrait déclencher sa manœuvre le 16. On était au 6; les Rouges mettraient bien quatre jours pour arriver devant la tête de pont, quatre jours pour en préparer l'attaque — celà conduisait au 14 au matin. — Or, dès le 17 au soir, l'effet de la manœuvre se ferait sûrement sentir.

Demander ou espérer une défense de quatre jours sur la tête de pont, n'était vraiment pas exagéré.

Puisque le salut de la Pologne allait reposer sur la manœuvre de Pilsudski, les efforts de tous ses collaborateurs devaient tendre à donner à la masse de manœuvre un effectif suffisant pour bien remplir sa mission. Donc il fallait réduire au strict nécessaire les forces défensives à tenir sur la tête de pont en avant de Modlin. Il n'y avait pas lieu de s'inquiéter outre mesure si le 3ᵉ Corps de Cavalerie bolchévique ou quelqu'autre troupe s'avançaient vers le corridor de Danzig. Le déclenchement de la manœuvre les en rappellerait rapidement. D'ailleurs, même s'ils interrompaient passagèrement les ouvrages, le mal ne serait pas trop grand, puisque pour l'instant on disposait de quoi nourrir largement le combat sur la tête de pont et qu'une fois la manœuvre déclenchée, ce serait plus sur les jambes du soldat que sur le feu que reposerait le succès.

Les Calculs de Pilsudski. — Les calculs par lesquels Pilsudski se décida à sa manœuvre, calculs où les *forces morales* comptent plus que les effectifs, constituent, ce que Napoléon a appelé la *partie divine* (*divinatrice* serait plus exact) de l'Art de Guerre.

Pilsudski pouvait tabler sur les données suivantes :

1° Les armées bolchéviques étaient composées en majeure partie de paysans emmenés de force et qui désertaient à toute occasion, et d'ouvriers communistes, ardents au pillage, à condition de faibles risques.

2° Les uns et les autres étaient éreintés par des marches sans arrêt, sans qu'ils fussent suffisamment nourris, car le pays qu'ils traversaient avait été vidé par les Polonais dans leur retraite, et les charrettes, qui transportaient les vivres extorquées, ne les rejoignaient pas tous les jours.

3° Les soldats bolchéviques seraient déjà émus par la résistance rencontrée sur la tête de pont et leur équilibre moral à la merci du moindre incident. Or, quel incident serait l'arrivée de la masse de manœuvre sur leurs derrières !

Tout devait concourir à provoquer cette fuite en désordre que Napoléon demandait à la manœuvre.

La seule question vraiment angoissante était celle-ci : les troupes dont l'état actuel était lamentable, étaient-elles capables du sursaut moral et de l'ardeur qu'allait exiger la manœuvre ?

Pilsudski qui mieux que ses collaborateurs connaît l'âme polonaise, croit possible ce revirement moral : les faits lui ont donné raison.

Mais si Budienny s'avançait du Sud sur Varsovie ? Mais si les Bolchéviks passaient à Plock et à Wloclawek, pour prendre Varsovie par l'ouest ?

Pilsudski savait, suivant le mot de Bossuet sur le Grand Condé, que la promptitude de son action ne donnerait pas à l'ennemi le loisir de la traverser.

Formation et concentration de la masse de manœuvre. — On ne peut qu'admirer l'ingéniosité avec laquelle Pilsudski constitua sa Masse de Manœuvre. Elle rappelle celle de Napoléon dans certaines de ses manœuvres et plus particulièrement dans sa *Manœuvre de l'Isar (Landshut) en* 1809.

Rappelons là sommairement :

L'Archiduc Charles a débouché de l'Isar à Landshut avec 80.000 hommes et se porte sur Ratisbonne où il pense surprendre le corps de Davout isolé, enlever la place et permettre ainsi aux corps de Bohême de faire sa jonction avec lui.

Le 17 avril, Napoléon arrive de Paris à Donauwerth à 2 heures du matin. Nos forces sont partagées en 2 masses : l'une sous Davout à Ratisbonne, l'autre sous Masséna à Augsbourg à soixante lieues l'une de l'autre. Entre les 2 masses quelques divisions de confédérés allemands sous Vandamme et enfin les 3 divisions bavaroises sous Lefebvre.

Napoléon décide de ramener le corps de Davout sur Ingolstadt en faisant protéger ce mouvement par Lefebvre et pendant ce mouvement, qui va attirer sur nos forces l'armée de l'Archiduc, de lancer Masséna d'Augsbourg sur Landshut, c'est-à-dire sur la ligne de retraite de l'Archiduc. Voici comment le 19, Napoléon expose son plan à Massena :

« *Nos opérations se dessinent. Voici le véritable état de choses : le prince Charles, avec toute son armée était ce matin à une journée de Ratisbonne et a sa ligne d'opération sur Landshut. Le duc d'Auerstadt, cette nuit et ce matin a évacué Ratisbonne pour se porter sur Neustadt et se joindre avec les Bavarois. Vous*

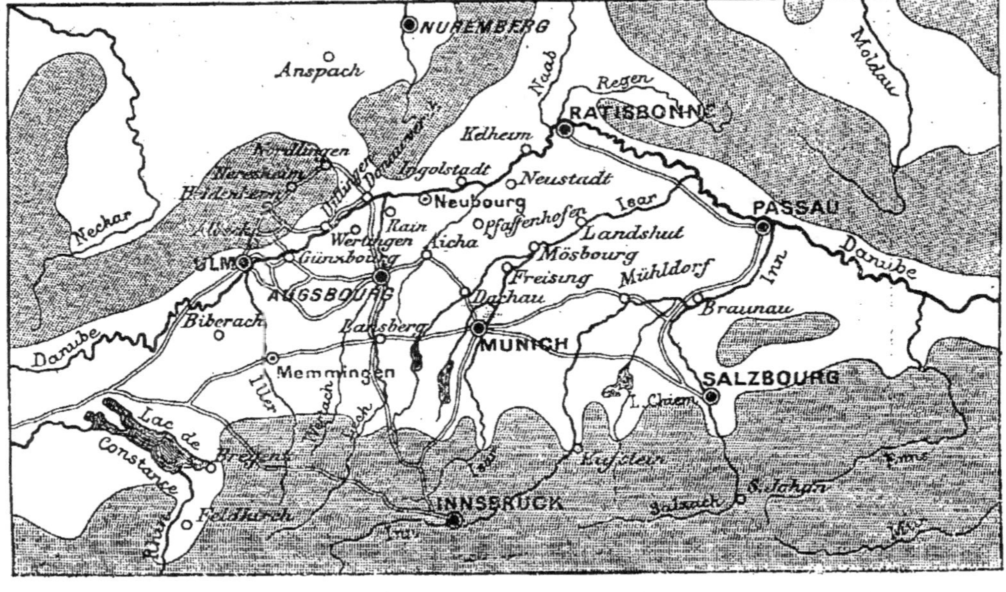

NUREMBERG
Anspach
Naab
Regen
Moldau
RATISBONNE
Kelheim
Nördlingen
Neresheim
Heidenheim
Donauwörth
Ingolstadt
Neustadt
Isar
PASSAU
Neckar
Albeck
Rain
Neubourg
Pfaffenhofen
Landshut
Danube
ULM
Wertingen
Aicha
Mösbourg
Mühldorf
Inn
Günzbourg
AUGSBOURG
Dachau
Freising
Braunau
Biberach
Landsberg
MUNICH
Danube
Iller
Memmingen
Werrach
Lech
L. Chiem
SALZBOURG
Lac de Constance
Brégenz
Kufstein
S. Johan
Ems
Rhin
Feldkirch
Inn
Salzach
INNSBRUCK

Croquis n° 4.

*voyez que, par cette manœuvre, je refuse ma gauche,
voulant avancer ma droite que vous formez. Selon les
renseignements que je recevrai aujourd'hui, je vous
dirigerai sur Landshut; et alors le prince Charles se
trouverait avoir perdu sa* ligne d'opération, *sa position, qui est l'Isar et serait attaqué par la gauche
(c'est-à-dire par derrière).*

..... « Ici tout est calcul d'heures. *Du reste* 12.000 *à*
15.000 *de cette canaille que vous avez battue ce matin
attaqués tête baissée par* 6.000 *de nos gens.* »

On sait que les journées d'Abensberg et d'Eckmüh
avec l'armée de l'Archiduc furent rudes, que Ratisbonne ayant capitulée, l'Archiduc prit par cette place
sa ligne d'opération sur la Bohème. Napoléon se porta
lui-même avec le gros de ses forces sur Ratisbonne,
pour prendre l'Archiduc en flagrant délit de passage.
Ce faisant, il envoya Masséna de Landshut à Straubing,
pont sur le Danube à l'est de l'Isar, qu'il fallait fermer
au plus tôt pour empêcher l'Archiduc de repasser le
fleuve et de se mettre entre notre Armée et Vienne. Sur
l'Isar on laissa un petit corps d'observation avec de la
cavalerie.

Dans la manœuvre de Pilsudski, la masse de manœuvre, c'est la masse de Masséna en 1809.

Zone de concentration. — La zone de concentration
derrière le Wieprz était bien choisie. Qu'on réunît là
des forces, ne pouvait étonner les Russes, ce pouvait
être pour s'opposer à l'avance de la XIIᵉ armée soviétique et à l'armée Budienny.

Le Wieprz pouvait servir de couvert — il était facile
d'en déboucher.

On ne pouvait être coupé de Varsovie, car de Demblin à Varsovie la Vistule à 1 kilomètre de large. On ne peut la passer à gué et il n'y a pas de ponts. La modeste 2ᵉ armée pouvait suffire à la défense de ce secteur, avec ses deux divisions. Une voie ferrée longe d'ailleurs la rive gauche de la Vistule et permettrait d'amener rapidement les renforts au point où les Rouges tenteraient le passage. Demblin n'est qu'à 90 kilomètres de Varsovie, la distance de Château-Thierry à Paris.

Le seul ennui — assez grave — c'est le faible effectif de la masse de manœuvre : il n'a pas dépendu de Pilsudski qu'il ne fût plus fort.

Ce qui manque surtout à la masse de manœuvre, c'est un corps de cavalerie qui, renforcé par de l'Infanterie sur charrettes, aurait pu gagner rapidement les points à occuper.

Direction à donner à la masse de manœuvre, barrière stratégique. — Cette direction ne pouvait être que celle de Malkin, vu que la principale ligne de retraite des bolchéviks franchissait le Bug. La barrière stratégique à occuper ne pouvait être que le Bug, obstacle considérable, à prolonger au nord par quelque ligne jusqu'à la frontière allemande.

La plus courte eut été une ligne par Ostrowo, Ostrolenka et l'Omulew.

Quoiqu'il en soit en considérant Malkin comme le centre de la barrière, la partie nord de cette barrière, de Malkin à la frontière allemande, mesure 100 kilomètres, la partie sud, de Malkin à Lukow, où passe une ligne de retraite sur Brok il y a aussi 100 kilomètres. C'est donc 200 kilomètres de barrière à tenir.

La manœuvre est en fait la *Manœuvre du Bug* (Malkin), si l'on veut bien lui appliquer la règle que j'ai posée pour les manœuvres napoléoniennes [1].

Malheureusement, dans sa course vers le nord, la Masse de manœuvre ne dispose pas d'un rideau couvert (comme le Pô dans la manœuvre de l'Adda, le Rhin dans la manœuvre de Stokach). Il fallait y remédier par un *corps flanquant* face à l'ouest (analogue à l'armée du Prince Eugène en 1812).

Ce corps pouvait être constitué par la 2ᵉ armée. L'avance de la Masse de Manœuvre la relevait en effet de sa faction derrière la Vistule.

La 2ᵉ armée aurait dû venir boucher la trouée que la Masse de Manœuvre allait laisser au-dessous d'elle en s'élevant sur Malkin, et fermer cette trouée aux fuyards.

La *barrière stratégique* constituée par le Bug présentait aussi un grave défaut. C'est la mauvaise orientation : une barrière circulaire ayant comme centre Varsovie eut été plus avantageuse. Il fallait arriver en fait à garder le Bug à l'Ouest de Malkin jusqu'à Wlodawa, c'était trop ; 300 kilomètres depuis la frontière allemande.

On eut pu constituer une barrière stratégique de moindre développement en arrivant à temps à Lobkow derrière la Liviec (rivière derrière laquelle justement Toukhatchevski voulait ranger ses forces). De Demblin par Lukow, Siedlce, la Liviec, Lobkow, les marais du Bug-Narew, la Narew, Ostrolenka, l'Omulew — c'est encore un développement de 250 kilomètres, dont un

---

1. « *Pour apprendre l'Art de la Guerre* » (Général Camon, Berger-Levrault).

certain nombre marécageux. Mais il eut enserré beaucoup mieux les Rouges. C'est encore presque la distance de Châlons à la Manche, par Reims, Laon, La Fère, Amiens. On voit l'énormité des distances. En 1806 la barrière de la Saale, le 14 octobre, n'avait, de Kahla à Koesen, que 50 kilomètres.

Quoiqu'il en soit c'est à Malkin qu'il faut arriver en force le plus tôt possible — Malkin, c'est Landshut en 1809, où Napoléon lance Masséna. Malkin est à 120 kilomètres du Wieprz ; Landshut est à 90 kilomètres d'Augsbourg, d'où partit Masséna.

A cet effet, il eût fallu pouvoir y lancer une avant-garde solide faite de cavalerie et de fantassins en charrettes. Malheureusement la Masse de Manœuvre avait peu de cavalerie. On en avait laissé trop à la 5e armée, où elle rendit service, mais où elle n'était pas indispensable.

Obligé d'envoyer une partie de la 3e armée sur Brzesc, Pilsudski sent combien la 4e armée va être isolée vers Malkin, si les troupes de la tête de pont ne se mettent pas de suite et rapidement à la trousse des armées bolchéviques en fuite. Puisqu'il ne restera plus en arrière que la IVe armée soviétique, et peut-être quelques forces de la XVe, il suffirait de laisser de simples garnisons à Varsovie et à Modlin.

L'ordre de poursuite du 18 août. — Quoiqu'il en soit, le 18, Pilsudski se décide à aller à Varsovie pour y secouer ses collaborateurs et obtenir qu'ils mettent immédiatement le plus de forces possible aux trousses des Bolchéviks et à Varsovie il pond un ordre de poursuite.

Ici, il faut s'entendre. Si vraiment l'opération se réduit maintenant à une poursuite, c'est que la manœuvre est partie manquée. Et de fait, l'encerclement des armées bolchéviques n'a pu être réalisé à temps, et une partie des IIIe et XVIe armées ont pu s'échapper — en triste état d'ailleurs.

On peut espérer toutefois couper la retraite à la XVe armée et surtout à la VIe et au 3e corps de cavalerie. C'est à quoi tend l'ordre du 18.

La 4e armée devra occuper le passage capital de Malkin — où déjà, nous l'avons vu, elle arriva trop tard pour empêcher la fuite des XVIe et IIIe armées soviétiques. La 1re armée doit passer le plus tôt possible à sa gauche pour établir le barrage, jusqu'à la frontière allemande — nous avons vu que retenue près de Varsovie pour aider à la 5e armée, elle ne put arriver à temps et que pour établir ce barrage essentiel on envoya là à sa place la 4e armée, qui abandonna par suite la poursuite de la IIIe armée soviétique.

Quant à la 2e armée (Rydz-Smigly), il lui faut se couper en 2 : l'une de ses fractions doit occuper la place de Brzesc, et garder vers l'est — mission importante. Quant à l'autre fraction, on l'envoie à Drohiczyn, barrer la grande route qui passe par ce point et ensuite elle se portera par des marches formidables sur Bialystok pour arriver à établir à temps un barrage entre ce point et la frontière allemande. A cette mission on consacre la 3e division de Légion, la 19e D. I. et le 41e régiment d'infanterie.

Pilsudski a voulu diriger lui-même sa masse de manœuvre, ainsi que le faisait Napoléon.

Je sais que le Général Bonnal (et ses élèves naturellement le répétent) a considéré comme une faute de Napoléon, lorsque par l'accroissement de ses effectifs, il arriva à constituer un groupe d'armées, d'avoir pris le commandement personnel d'une de ses armées.

Notamment en 1812 Bonnal lui reproche d'avoir pris la direction de son armée la plus forte, au lieu de la confier à l'un de ses maréchaux, à Davout par exemple, en se réservant de veiller à l'ensemble de la manœuvre. Et il l'accuse de n'avoir rien compris à la manœuvre de groupe d'armées. Il est assez outrecuidant d'accuser de fautes, Napoléon. En fait, très sagement Napoléon a toujours conservé la direction de sa pièce capitale. En 1812 s'il avait trois armées, les armées d'Eugène et de Jérôme n'étaient que des armées auxiliaires de l'armée principale, masse de manœuvre.

Les malfaçons qui pouvaient s'y produire ne, pouvaient causer des désastres irréparables. Il n'en était pas de même pour l'armée principale.

Dans la critique de la conduite du Maréchal Contades à la bataille de Minden, Napoléon écrit à Sainte-Hélène :

« Puisqu'il faisait sa principale attaque avec sa droite, il devait la diriger en personne et y employer le double des troupes et ne pas la confier au duc de Broglie, dont il connaissait le caractère ».

Pilsudski a agi sagement en prenant lui-même la direction de la Masse de Manœuvre, et il a fait une faute — qu'il s'est d'ailleurs bien reprochée — d'avoir quitté le 18 cette direction pendant quelques heures, pour courir à Varsovie.

La 4e armée s'amusa pendant ce temps à ramasser des prisonniers, du butin, au lieu de courir sur Malkin pour y fermer la principale porte de retraite des Rouges.

CHAPITRE X

CONCLUSIONS

Le Maréchal Pilsudski a sauvé la Pologne par une manœuvre napoléonienne, sur les derrières de l'adversaire. Cette manœuvre n'a pas donné son plein effet : la capture complète des forces bolchéviques. Pour gagner la paix il a fallu de nouvelles opérations que la manœuvre a d'ailleurs singulièrement facilitées.

Pilsudski aurait pu réussir plus complètement sa manœuvre s'il l'avait pu faire avec une masse d'effectif plus considérable ; s'il n'avait pas cédé aux instances de ses collaborateurs qui, n'ayant pas foi dans le succès de cette manœuvre, voulaient une solution jugée par eux plus prudente, et qui se traduisit en fait par *une défensive active par la gauche*, et obtinrent qu'une partie des forces que n'absorbait pas la tête de pont, fussent laissées de ce côté, pour y former la 5e armée.

Leur idée était de rester toujours en communication avec le corridor de Danzig, par où, de France arrivaient matériel et munitions. Ils espéraient même que si Varsovie tombait aux mains des Rouges, les Puissances Occidentales finiraient par s'émouvoir et envoyer des troupes.

Faut-il jeter la pierre aux collaborateurs de Pilsudski d'avoir, en tirant à gauche, empêché la manœuvre d'atteindre son plein effet ? Ce serait absolument injuste.

Pour que la manœuvre pût réussir, il fallait que la tête de pont de Varsovie tînt les quelques jours nécessaires au rassemblement de la Masse de Manœuvre et à son lancement.

Or, les troupes polonaises étaient, c'est indéniable, dans un état matériel et moral lamentable.

Le Chef d'État-Major le Général Rozwadowski, lui-même, croyait que le Rouges entreraient à Varsovie[1].

Quoiqu'il en soit, Pilsudski a été vainqueur, il l'a été parce que ses calculs des chances pour et contre furent exacts, parce qu'il connaissait mieux que ses collaborateurs l'armée polonaise, prompte à fléchir, prompte à se relever et aussi l'âme bolchévique que le moindre échec pouvait abattre.

Pilsudski a été vainqueur parce que depuis plusieurs années, espérant toujours l'occasion, il s'était mis à l'école de Napoléon. Il avait médité ses manœuvres sur les derrières.

Sans doute avait-il aussi médité ce que Napoléon écrivait au Prince Eugène : « A la guerre, on voit ses maux, on ne voit pas ceux de l'ennemi, il faut montrer de la Confiance ».

Il a « réalisé » le désordre total que causerait son raid, même exécuté seulement avec 5 divisions 1/2, dans l'arrière des armées bolchéviques, coupant convois de vivres et de munitions, détruisant les lignes téléphoniques, les stations radios.

Tous ces calculs matériels et moraux qu'il a dû faire pour se persuader que sa manœuvre devait réussir, il

---

1. Conversation avec un haut officier général français envoyé en information à Varsovie à ce moment par le Gouvernement français.

én est arrivé à bout, parce que, profondément médi-
tatif, il était capable d'une grande contention d'esprit[1].

Enfin il a pu prendre la responsabilité de sa manœuvre
parce que son passé l'avait habitué aux plus lourdes
responsabilités.

Il a pu oser sa manœuvre parce qu'il était *Dictateur :*
à la fois Chef de l'État et Généralissime.

Sous un gouvernement parlementaire, Pilsudski
Généralissime, aurait vu ses subordonnés, effrayés de
son imprudence, avertir les députés et sénateurs de
leurs clans. Le gouvernement inquiet, aurait convoqué
les généraux pour avoir leur avis sur la manœuvre, on
l'aurait retardée par tous moyens : les cuisiniers de tous
les régiments l'auraient connue et aussi ceux de l'ennemi. Si finalement on l'avait exécutée, c'eût été un
désastre.

Par sa manœuvre Pilsudski sauva la Pologne en
quelques jours et au prix de pertes infimes. Par contre
elle a coûté aux Bolchéviks 150.000 hommes (tués,
blessés, prisonniers), des centaines de canons, des milliers de mitrailleuses, toutes leurs munitions.

Une fois de plus se trouve confirmé le mot de Napoléon : « A la guerre un homme est tout ».

Et maintenant la France a-t-elle sa part dans la victoire de Pilsudski ? Certainement oui. Voici ce qu'a écrit
le Général Sikorski à ce sujet (p. 307)..« En 1920, sur la
« Vistule se jouait le sort des deux mondes. L'Occident
« ne comprit pas en général. Seule la France, bien qu'elle

---

1. Napoléon a écrit de Moreau « Moreau n'avait aucun
système ni sur la politique ni sur le militaire... c'était un homme
incapable d'une grande contention d'esprit ».

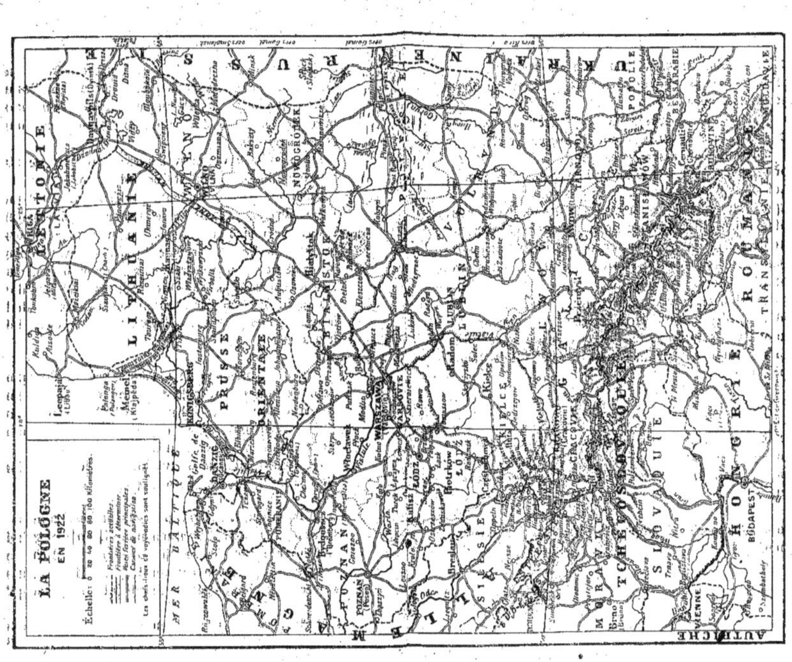

LA POLOGNE
EN 1922

« ne fût pas alors unie à la Pologne par une alliance for-
« melle, se hâta de lui apporter un précieux secours
« matériel et moral. »

« Le matériel de guerre convoyé à Danzig par la
« flotte française, débarqué là sous la protection et même
« la contrainte de ses navires de guerre, permit de
« continuer la guerre et enfin de la gagner. Nos cama-
« rades les officiers français, au moment le plus cri-
« tique de la guerre, se trouvèrent nombreux à nos
« côtés, quoiqu'ils ne fussent pas protégés par la qua-
« lité de bélligérents... ils apportaient, à l'Armée polo-
« naise non seulement un aide technique, mais un
« réconfort moral... »

« Les plus précieux services furent rendus par le
« Général Weygand qui, à la prière du Gouvernement
« polonais, assuma sans hésiter, la mission peu définie
« mais si importante de Conseiller du Chef d'État-Major
« polonais. »

*
* *

Le 28 juin 1923, la Diète polonaise a proclamé solen-
nellement que « *Joseph Pilsudski en tant que Chef de
l'État et Commandant en Chef, a bien mérité de la
Patrie* ».

C'est une superbe récompense, Pilsudski l'avait bien
gagnée.

TABLE DES MATIÈRES

1394. — ÉVREUX, IMPRIMERIE CH. HÉRISSEY. — 9-29